Fr. J Hauf

**Margaritologie vermischt mit Conchyliologischen Beiträgen**

**zur Naturkunde**

Fr. J Hauf

**Margaritologie vermischt mit Conchyliologischen Beiträgen zur Naturkunde**

ISBN/EAN: 9783743469464

Hergestellt in Europa, USA, Kanada, Australien, Japan

Cover: Foto ©berggeist007 / pixelio.de

Weitere Bücher finden Sie auf **www.hansebooks.com**

# Margaritologie

vermischt mit

## Conchyliologischen Beyträgen

zur Naturkunde von Baiern.

Von

Fr. J. Hauf, Weltpriester.

München,
bey Joseph Lindauer. 1795.

Nro 1402.

Margaritologie, vermischt mit Conchyliologischen Beyträgen zur Naturkunde von Baiern.

Imprimatur.

Reichsfreyh. v. Schneider
auf Regelsfürst
Mpr. Director.

München im churfürstl. Bücher=
Censur - Collegio den 3ten
September 1794.

Registr. Fol. 178.

Christoph von Schmöger,
Oberlandesregierungs = und Censur=
Collegii - Sekretär, dann Bücher=
Spediteur.

# Vorrede.

Wer in der Geschichte der Conchyliologie nicht Fremdling ist, wird mit mir eingestehen, daß seit dreyßig Jahren im Conchyliologischen Fache eben so, wie in allen Wissenschaften, grosse Vorschritte gemacht worden, und (daß ich mich so ausdrücke) ungeheure Arbeiten ans Licht getretten sind. Man kann wirklich mit Grunde behaupten, daß die Conchyliologie überhaupt und in ihren Theilen eine ganz andere Gestalt genommen, und Herr Geoffroi, Ritter von Linné, und Herr Martini in den sechziger Jahren unsers Zeitalters in der Conchyliologie, besonders der süssen Wässer oder Fluß Conchylien, weit mehr geleistet haben, als von Rondelitius an, vom Jahre 1555 bis auf Lister, und folglich bis ans Ende des vorigen Jahrhunderts nicht ist geleistet worden.

Allein, was mir seit mehrern Jahren zu mancherlei Glossen Anlaß gegeben hat, ist, daß eben der fürnehmste Artikel der ganzen Conchyliologie, die Perlenmuschel, so wenig ist bearbeitet, und aus dem Gesichtskreise der Conchyliologen fast ganz verloren worden. Wir haben bisher keine einzige Schrift, welche der Perlenmuschel und Perlenzeugung allein gewidmet

## Vorrede.

widmet wäre, und auch noch kein Werk, in welches nun alles gesammelt wäre, was über die Perlenmuschel in so manchen einzelnen Abhandlungen, oder auch in größern Werken hie und da zerstreut anzutreffen ist.

Dieser Mangel im Conchyliologischen Fache, und zugleich eine Art von Eifersucht, um nicht in entfernte Jahrhunderte Conchyliologische Schulden zu machen, haben mich bewogen, dieses Werk ans Tagelicht, und in die Reihe Conchyliologischer Schriften unsers Jahrhunderts tretten zu lassen.

Ich handle in diesem Werke von der Perlenmuschel und dem Geschäfte der Perlenzeugung zwar überhaupt, aber mit vorzüglicher Rücksicht auf das Herzogthum baierische Perlenwesen. Dadurch glaube ich meinem Vaterlande einen Dienst zu leisten, indem ich hie und da Beyträge zur Kenntniß und Verbesserung des innländischen Perlen-Regale geliefert habe. Ferner überlasse ich dieses Werk, ohne denselben durch Prunk oder Anempfehlung auf die Beine zu helfen, der Kritik von Conchylienkennern, und bitte meine Leser manche dunkle und undeutliche Stelle in diesem Werke mehr dem Mangel Conchyliologischer Terminologie als meiner Obskurität zu zu schreiben.

In-

# Inhalt.

## Erster Abschnitt.

| Kapitel. | | Seite. |
|---|---|---|
| I. | Klassifikation der Perlenmuschel nach Linné. | 1 |
| II. | Verschiedene Gattungen der Perlenmuscheln. | 5 |
| III. | Struktur der eigentlichen Perlenmuschel von aussen. | 8 |
| IV. | Struktur der Perlenmuschel von innen. | 10 |
| V. | Entstehung, Wachsthum, Alter einer Perlenmuschel. | 13 |
| VI. | Von dem Aufenthalt und der Lage der Perlenmuscheln. | 23 |
| VII. | Von der Bewegung der Perlenmuscheln | 27 |
| VIII. | Von den berühmtesten Perlenmuscheln | 29 |
| IX. | Von den herzogthumbaierischen Perlenmuscheln. | 31 |
| X | Von den Farben der Perlenmuscheln | 36 |
| XI. | Von dem Pfauenstein. | 38 |
| XII. | Vom Gebrauche der Perlenmuscheln. | 40 |

Zwey=

# Inhalt.

## Zweyter Abschnitt.

| Kapitel. | | Seite. |
|---|---|---|
| I. | Bestandtheile der Perlenschnecke (Karakter) | 42 |
| II. | Zeugungsgeschäft der Perlenschnecken. | 45 |
| III. | Von der Heckzeit der Perlenschnecken. | 48 |
| IV. | Von der Gebährzeit der Perlenschnecken. | 51 |
| V. | Von der Nahrung der Perlenschnecken. | 53 |
| VI. | Besondere Phänomenen der Perlenschnecke. | 55 |

## Dritter Abschnitt.

| | | |
|---|---|---|
| I. | Verschiedene Benennungen der Perle. Meynungen der alten Naturforscher vom Ursprunge der Perlen. — — — | 62 |
| II. | Meynungen der neuern Naturforscher vom Ursprunge der Perlen. — — — | 64 |
| III. | Besondere Meynung vom Ursprunge der Perlen. — — — — | 71 |
| IV. | Von den Haupteigenschaften guter Perlen. | 76 |
| V. | Von den orientalischen Perlen. — — | 78 |
| VI. | Von occidentalischen Perlen. — — | 81 |

## Inhalt.

Kapitel.                                            Seite.

VII. Von Europäischen Perlen. — — 83

VIII. Von Herzogthumbaierischen Perlen. — 85

IX. Von den größten und berühmtesten Perlen. 87

X. Von dem Werthe guter Perlen. — — 90

XI. Von falschen Perlen. — — — 92

XII. Von der Perlenpolitur, und Auflösung der Perlen — — — — — 95

XIII. Vom Gebrauche der Perlen. — — 98

## Vierter Abschnitt.

I. Von den berühmtesten Perlenfischereyen in Orient. — — — — — 99

II. Von den berühmtesten Perlenfischereyen in Occident. — — — — — 101

III. Verschiedene Arten der Perlenfischerey. 105

IV. Von den Zeiten des Perlenfangs. — 108

## Inhalt.

Kapitel.                                                   Seite.

V. Von der Perlenzeitigung, und den äußern Kennzeichen derselben. — — — 113

VI. Von Oeffnung der Perlenmuscheln, und Ausnehmung der Perlen — — 119

Erster

# Erster Abschnitt.
## Von der Perlenmuschel.

## Erstes Kapitel.
### Klassifikation der Perlenmuschel nach Linné.

Ritter von Linné hat die Perlenmuttermuschel, oder Perlenmuschel a) aus dem Geschlechte der Austern herausgehoben, und dieselbe den Mießmuscheln (Mytilis) beygesellet. Lister, Geoffroi, d'Argenville, und die mehresten

---

a) Mya margaritifera, Testa ovata, antice coarctata, Cardinis dente primario conico, natibus decorticatis. Linn. Syst. Nat. Ed. X. p. 671.

resten Conchyliologen haben die Perlenmuschel fast allgemein für eine Auster gehalten, und erklärt. Herr Pastor Chemnitz in seiner Fortsetzung des Martinischen Conchyliencabinetes b) behauptet: wenn er sich selbst rathen dürfte, so würde er die Perlenmuschel, weil auf ihrer Schloßfläche ein Scrobiculus, eine breite, schräge, fast dreyseitige Vertiefung, die den gewöhnlichen Gruben des Austernschlosses so sehr gleicht, befindlich ist, im Geschlecht der Austern haben stehen lassen, und sich dabey mit dem Beyfall der mehresten Conchyliologen begnügen.

Warum Ritter von Linné die Perlenmuschel von den Austern abgesondert, und in eine besondere Gattung von Mießmuscheln gesetzt hat, ist die Ursache, weil bey der Perlenmuschel wirklich das Hauptunterscheidungszeichen der Mießmuscheln, nämlich eine Cardo linearis, oder eine Linea subulata excavata vorhanden ist, obwohl übrigens die Perlenmuschel in ihrer ganzen Form und Bauart nicht mehr Gleichheit

---
b) Neues Chyliencabinet, 8. b. S. 129.

heit mit der Bildung der Mießmuscheln, als mit andern Austergeschlechtern hat.

Dürfte ich mich für eine von diesen beeden Meynungen erklären, so würde ich dem allgemeinen Lehrmeister der Naturlegende, dem Linné beytretten, und zwar folgender Gründe wegen.

Man bestimmt überhaupt nach Conchyliologie die Austern als zwoschalichte aus übereinander geschichteten Lamellen bestehende Conchylien, die eine höchst ungleiche Struktur, Form und Größe haben, so, daß nicht nur eine Gattung von der andern, sondern fast jedes individuum von dem andern unterschieden ist, wie Adanson in seiner Hist. nat. du Senegal. p. 197. von den Austern schreibt: il est fort difficile ou presqu'impossible d'en Trouver deux semblables.

Die Austern (ostreæ rudes) haben also keine regelmäßig gebildete Schalen, wie z. B. die Kammmuscheln, Mießmuscheln, Perlenmuscheln,

ſcheln, u. ſ. f. über dieß haben die Auſtern im Schloſſe keine Zähne, ſondern nur in der Mitte eine ovale Vertiefung, wo ein Band, oder eine lederartige Sehne befeſtigt iſt, welches die Verbindung beeder Schalen befördert. Ferner haben die Auſtern keinen Fuß oder Arm, wie die Perlenmuſcheln, um ſich von einem Orte zum andern fortbewegen zu können. Die Auſtern hängen ſich vermittels eines zähen Schleims an Steine, Felſen, Seegewächſe, Bäume und Wurzaln feſt; die Perlenmuſcheln hingegen verändern ihre Lage, kreiſen vermittels ihres Fuſſes oder Armes am Grunde des Waſſers fort, erheben ſich (wenigſtens in den Flüſſen, und untiefen Perlenwäſſern) über die Oberfläche des Waſſers, und ſenken ſich wiederum in die Tiefe.

Es ſind daher zwiſchen den Auſtern und den Perlenmuſcheln ſo viele Unterſcheidungszeichen, daß Ritter von Linné hinlängliche Gründe gehabt zu haben ſcheinet, die Perlenmuſcheln von dem allgemeinen Geſchlecht der Auſtern abzuſondern, und dieſelbe unter eine beſondere

Gat-

Gattung von Mießmuscheln einzuschalten, und dieß um so viel mehr, weil doch das Hauptunterscheidungszeichen der Mießmuscheln, die Cardo linearis, sich auch in den Perlenmuscheln vorfindet, obwohl übrigens der Bau und die Struktur der Perlenmuschelv den Kammmuscheln weit ähnlicher zu seyn scheint, als den Mießmuscheln, oder irgend einer andern Gattung von dem Geschlechte der Austern.

## Zweytes Kapitel.
### Verschiedene Gattungen von Perlenmuscheln.

Conchylienkenner haben auf ihren gelehrten Reisen nach Ost und West vier besondere Gattungen von Perlenmuscheln ausfindig gemacht, wovon uns Herr Pastor Chemnitz die Zeichnung und Beschreibung geliefert hat c). Den ersten Rang darunter behauptet die eigentliche, orientalische und occidentalische Perlenmuttermuschel,

wel-

---

c) Neues Conchyliencabinet. 8. b. S. 126.

welche gemeiniglich unter den Benennungen, Matrix perlarum, Mya margaritifera, Gallina gutata (die gefleckte Henne) das Hundsohr (L'Orcille de chien) der Piering, der silberne Teller, u. s. f. vorkömmt.

Eine andere Gattung von Perlenmuscheln ist: die am Rande mit schuppichten Falten besetzte Perlenmuschel. Concha margaritifera in margine plicis foliacis imbricatis et muricatis dentata et crispata. Diese Perlenmuschel ist in Arabien, und besonders im rothen Meere zu finden.

Die dritte Gattung ist: die blätterichte, nahe am Rande mit lauter spitzigen Schuppen besetzte Perlenmuschel. Concha margaritifera foliis superimpositis imbricata. Diese Gattung ist in Westindien im Strande der Antillen zu finden.

Die vierte Gattung endlich ist: die dünnschalichte gestralte Perlenmuschel. Concha margarigaritifera laevis, tenuis, ex subalbido radiata. Diese Perlenmuschel wird besonders an der Tranquebarischen Küste häufig gefunden.

Bemeldte vier Gattungen der Perlenmuscheln werden nun überhaupt für die besonders perlentragende Muscheln gehalten; sie sind aber doch nicht die einzigen Muscheln, in welchen Perlen gefunden werden. Oft sind Austern, Eßmuscheln, die Koth = oder Schlammmuscheln (Myae lutrariae) damit versehen. Herr Hofmedikus Taubé d) untersuchte unter andern Muscheln die Mya arenaria (den Sandkriecher) und fand auch wirklich manchmal sehr gute, aber kleine Perlen darinn. In der Mya pictorum (Mahlermuschel) sollen sich ebenfalls auch zu Zeiten Perlen finden lassen; das hat auch schon Bonanni in seiner Recreat. S. 104 bemerkt. Lister fand in einer dieser Muscheln 16 Perlen von der Größe eines Mohnsaamenkorns zur Größe der Pfeffenkörner. Lesser e)
fand

---
d) Beyträge zur Naturkunde des Herzogthums Zelle. VI. Abh. S. 84.
e) Testaceotheologie §. 315. S. 970.

fand in einem Küchenteiche, den er abführen ließ, in den geöffneten Teichmuscheln mehrmal Perlen so groß, wie Anisförner.

## Drittes Kapitel.
### Struktur der eigentlichen Perlenmuscheln von aussen.

Was jedem Beobachter an der Perlenmuttermuschel (Mya margaritifera) beym Ansehen von aussen zuerst in die Augen fällt, ist das starke, schwarzbraune, schilfrichte, zweyschalichte Gehäuse. Die ganze, nicht besonders hochgewölbte Muschel scheint mehr länglicht oval, als von halbcirkulrunder Forme (wie einige wollen) zu seyn, obwohl die Muschel von dem Bauche gegen die Mitte des Rückens abwärts eine starke Vertiefung hat. Die ganze äußere Oberfläche der Muschel sieht meistens sehr übel zugerichtet aus, und ist fast durchgängig von Pholaden f) Bohrwürmern, oder

Muschel-

---
f) Pholaden (Steinbohrer) giebt es freylich nicht in süssen Wässern, in unsern Flüssen und Perlenquellen;

Muschelbohrern angefressen, und zernagt. Die beeden Schalen der Muschel sind am schmälern oder obern Ende mehr zusammgedrückt, und länglicht, aber an dem untern oder stumpfen Ende mehr bauchicht oder rund. Auf der einen Seite steht ein verkürztes, auf der andern ein verlängertes Ohr, welches beynahe einem Flügel gleicht. Unter dem verkürzten Ohr sieht man eine merkliche Oeffnung der Schalen, daraus das Muschelthier einen starken, breiten, weißfleischichten Arm oder Fuß (wie ihn die Conchyliologen nennen) hervorstreckt, und sich damit an Steine, Wurzeln und Wassergewächse fest haltet, oder vermittels desselben ihre Bewegung, und Wanderschaften g) auf dem Sande und Grund des Wassers machet.

An
---
quellen; sie wohnen meistens nur in den Klippen und Felsen der europäischen Meere, obwohl sie auch in der tranquebarischen Küste zu finden, und Herr König dieselben auch im siamschen Meerbusen angetroffen hat.

g) Ueberhaupt nehmen diese Muschelthiere keine grossen Wanderschaften am Grunde des Wassers vor, wenn sie nicht hie und da bey abwechselndem Winde mit ausgespannten Schalen etwa einen Büchsenschusse den Strom hinunter rollen, und sich wieder fest setzen.

An der äußern Oberfläche der beeden Schalen einer Perlenmuttermuschel sind ferner zu beobachten die Windungen, oder Gewinde (gyri, orbes) welche länglicht ovale, mit einander parallellaufende Streifen, Ringe oder Auswüchse sind. Dergleichen Windungen sind an den Fluß- und Seemuscheln sehr ungleich, und so gar finde ich, daß selbst unsere baierischen, völlig ausgewachsenen Perlenmuscheln immer ungleiche Windungen an der Zahl haben, und manchmal eine Muschel sechs, eine andere sieben, acht, neun, und wohl noch mehrere solche Windungen deutlich und kennbar an sich ersehen läßt. Ich werde in der Folge, wenn vom Wachsthume und Alter der Perlenmuscheln die Rede seyn wird, von den Windungen ein mehrers erörtern.

Zum äußern Bau einer Perlenmuttermuschel gehört auch die Mündung oder Mundöffnung (apertura) der Muschel, d. i. die lange Oeffnung oder Ritze, welche durch die Entfernung beyder scharfen Ränder in der eingezogenen

nen Mitte der Muschel von einander entstehet, wenn das Muschelthier seinen Arm oder Fuß ausstrecken will.

Weiter ist zu bemerken der Wirbel (Vertex) d. i. der vordere äußere Theil der Muschel, welcher von der Extremität der Mundöffnung angefangen bis an das Ende der obern, schmälern Seite reicht.

Endlich ist an bemelter Muschel von außen noch zu ersehen der Rand (Margo), welcher von einigen die Lippe genannt wird, und ein sehnenartiger, verhärteter Saum ist, der die beeden Schalen der Muschel oben einfasset. Dieser Saum wird gemeiniglich erst alsdann recht sichtbar, wenn die Muschel eine schon zimliche Wachsthumsgröße erreicht hat.

Letztlich dürfte man auch der Muschel Breite, Länge und Tiefe, wovon noch ferner die Rede seyn wird, in Betracht ziehen.

## Viertes Kapitel.

### Struktur der Perlenmuschel von innen.

So wie man eine Perlenmuttermuschel öffnet, erscheint auf den innern Wänden beeder Schalen der schönste Perlenmutterglanz, darauf noch die bunten Farben des Regenbogens spielen. Der innere Rand ist ringsum von einem dunkelgrauen, hornartigen, fast $\frac{1}{4}$ Zoll breiten Saum eingefaßt, wodurch der Perlenmutterglanz noch mehr erhöhet wird. Beede Schalen sind inwendig mit einer dünnen Haut, wie ein Periostium, überzogen, die an den Rändern dicker, ein wenig falticht, oder fimbriös ist, und ausgespannt wird, wenn die Muschel offen steht, aber wenn das Thier die Schalen schließet, sich zusammzieht. Mit diesen Falten hält das Muschelthier Sand und andere Unreinigkeiten ab, die etwa mit dem Wasser hergeflossen kommen.

An dem Rande inwendig an der rechten Schale ober der Mundöffnung gegen den Wir-

bel

tel ersieht man zwey knorplichte Gewächse, zwischen welche ein anders dergleichen von der linken Schale eintritt, und in eine kegelförmige Vertiefung einfällt. Diese Gewächse werden von mehrern Conchyliologen für eben so viele Zähne gehalten, und das Charnier, welches sie an dem äußern Rande der Muschel formieren, wird insgemein das gezahnte Schloß genennt.

Indessen gesteht Linné der Perlenmuschel nur einen einzigen Zahn zu, den er dentem primarium nennt, und ich muß bekennen, daß ich wirklich an unsern Perlenmuscheln nur einen einzigen, starken, mit zweyen ganz feinen Einkerbungen versehenen Zahn ersehen kann, der in die Vertiefung der zweyen knorplichten Erhöhungen von der entgegengesetzten Schale eingreift h).

In

---

h) Man vergleiche hiemit die Meynung des Herrn Samuel Schrötters in seiner Geschichte der Fluß Conchylien. S. 169.

In Mitte der Muschel inner der Mundöffnung findet sich eine andere Vertiefung, worinn die stärkste der Sehnen angewachsen ist, und ein Queerband formieret, womit das Thier mit einem kleinern und gleichen Queerbande am obern Ende der Schale ihr Gehäuse fest zusammen zieht.

Ich übergehe hier die mancherlei Höhlungen und Vertiefungen, wo das Muschelthier, besonders gegen den Rücken, mit ihren Nerven und Fibern an die Schalen befestigt ist, und vermittels welcher sich dasselbe dennoch in der Muschel frey hin und her bewegen, und ihre Muschel regieren kann.

Wer über die Perlenmuttermuschel ein mehreres lesen will, beliebe die Abhandlung des Hrn. Martini de Mya margaritifera nachzulesen, welche im Bremer Magazin Tom. 4. p. 46. bey Tab. 2. fig. 65. gefunden wird.

Fünf-

## Fünftes Kapitel.
### Entstehung, Wachsthum, Alter, einer Perlenmuschel.

So zuverläßig uns immer Herr Geoffroi in seiner Abhandlung von den Conchylien um Paris. S. 116. 123. versichert, daß die Fluß= conchylien insgesamt unter die Eyerlegende (ovi= para) zu zählen seyen, so halte ich doch mit Herrn Grafen Ginanni und Samuel Schrötter dafür, daß die mehresten unserer Flußmuscheln, und unter diesen unsere Perlenmuscheln, unter die lebendig Gebährende (vivipara) d. i. unter diejenigen gehören, welche so gleich mit ihrer Schale, ohne Ey, zur Welt gebracht werden.

Man öffne im Monat März unsere Fluß= oder Perlenmuscheln, und man wird diejenigen Muscheln, welche beyläufig um den Monat Au= gust durch Begattung ordentlich sind befruchtet worden, voll kleiner Eyerchen finden, welche aber alle mit dem Vergrösserungsglase beobach= tet, lauter kleine Muscheln sind, so, daß man

auch

auch ihre zwo Schalen merklich unterscheiden kann i). Diese Eyerchen werden endlich in dem Monat May, in der Wachsthumsgröße einer Bohne, aus der Muschel geworfen, und ihrem fernern Schicksal, und Wachsthume überlassen. Eben dieser Behauptung pflichtet auch Lister bey, indem er von den Meer = und See= muscheln S. 180 schreibt: Mense Majo fœturam in mare eijciunt. Das nämliche behauptet auch Geßner de aquatilibus. S. 291. wo er von den Fluß= und Perlenmuscheln sagt: Ova pariunt, quibus incubantes aliquando reperiuntur mense majo.

Was den Wachsthum der Perlenmuttermuschel, und überhaupt der Conchylien betrift, schreibt d'Argenville in seiner Hist. nat. pag. 30. also: il y a lieu de croire que le poisson se forme avant sa Coquille: Son Humeur visquense se coagule, et ayant formé le poisson, elle lui sert en bavant, à etendre l'une

sur

---

i) Siehe den Naturforscher II Stücke. 214. Ferner Ginanni opus posthum. Tom. II. S. 52.

sur l'autre plusieurs Couches de cette maniere, pour en construire sa maison ... Les écailles, par une addition successive et exterieure de parties qui surviennent les unes aprés les autres, des pores de l'animal, s'entassent peu à peu par Couches, ou par apposition, de même que les pierres et les mineraux.

Allein da diese von mehrern Conchyliologen angenommene Meynung über den Muschelwachsthum die sichtbare Ausdehnung einer Conchylie von innen, wie an den Windungen zwischen einer jungen, mittern, und einer völlig ausgewachsenen Muschel zu ersehen ist, nicht erklärt, sondern viel mehr den Conchylien das Thierische ganz abspricht, und nicht einmal das Vegetabilische der Pflanzen durchaus zugiebt, so muß man der gründlichern Meynung des Herrn Hofraths Walch beytretten, und ein Vaskularsystem annehmen, nach welchem den Conchylien gewisse Saftröhrer und kleine Fäserchen zugestanden werden, welche von dem Muschelthiere

thiere ihre Nahrung, d. i. die thierischen Säfte erhalten, wodurch das Schalengehäuse durch beständigen Zufluß neuer Säfte erweitert wird, und sich so, wie die Knochen am menschlichen Körper ausdehnt, ohne daß hier, wie Herr von Argenville glaubt, äußere Theile hinzutreten \*).

Das Alter der Conchylien zu bestimmen, haben sich die Naturforscher darüber sonderlich in zwey Meynungen getheilt. Einige glauben, daß sich das Alter einer Muschel aus den paralellelaufenden Windungen, und deren Anzahl an der Schale bestimmen lasse. Andere behaupten, daß das Alter der Muscheln nach den jähr-

―――――――――
\*) Was die innere Perlenmutterschale belangt, muß man jedoch gestehen, daß dieselbe durch ausgetretenen Saft des Muschelthiers gebildet werde, und mehr durch Zusätze von außen, als durch innern Zufluß der Saftröhre des Thiers entstehe. Man lese hierüber Reaumur's memoire sur la formation de Coquilles, welches in der Hist. de l'Acad. roy. des sciences. an. 1717. p. 186 zu finden ist.

jährlichen Aufätzen an dem Rande oder an der Mundöffnung zu bestimmen sey.

Der erstern Meynung pflichtet unter andern Conchyliologen vorzüglich Herr Gißler bey, und bestärkt seine Meynung mit einer zehnjährigen Erfahrung, die er vom Jahre 1731 bis 1741 angestellt haben will, „die Muscheln (schreibt er im 4ten Bande der Schwed. Akad. Abh. S. 248) haben außen an ihrer Schale solche Falten, wie man an Kühe= und Ochsenhörnern findet. Die Anzahl der Falten, und des Muschelwuchses, in Absicht auf ihre Weite, trift nach den Jahren so genau überein, daß man sagen kann, eine Muschel sey so viele Jahre alt, als sie Falten habe."

Die zweyte erwähnte Meynung behauptet sonderlich Hanov k). Es gründet sich zwar diese Meynung bisher auf keine hinlängliche Erfahrung, sie ist aber darum, wie ich glaube, nicht ganz zu verwerfen, sondern ferner zu prüfen.

---
k) Seltenheiten der Natur I. Th. S. 547.

fen. Denn wenn es einmal durch richtige Erfahrung erwiesen wäre, daß eine Muschel jährlich einen neuen Theil ansetzte, und an ihrem Rande neue Absätze erscheinen ließ, so würde man das Alter der Muscheln dadurch wenigstens beyläufig und sehr nahe bestimmen können.

Ueber beede angeführte Meynungen über das Alter der Muscheln erklärt sich Herr Etatsrath Müller. Hist. Verm. P. II. Vorrede. S. 20 also: ætas et numerus annorum nec ex numero anfractuum, nec ex productione aperturæ in Cochleis dijudicatur; ex illo quidem juuiores et ætate provectiores distinquuntur, nulla vero annorum determinata mensura sumi potest, incrementum enim testæ, quod sit novi succi indurati appositione annua ad marginem aperturæ, ratione ætatis, tempestatis, valetudinis, nutrimenti variat, Cochleaque ad justam magnitudinem producta, vel potius limace generationi maturo, testæ margo in genere non amplius increscit, sed in terrestribus saltem Labro termina-

minatur. Falsum dehinc quorundam judi-
cium, Cochlides totidem annos quot orbes
habere.

Indessen scheint mir diese Kritik sehr unrichtig zu seyn. Herr Etatsrath Müller glaubt,
und behauptet, daß sich nach der Anzahl der
Windungen keineswegs das Alter der Muscheln
bestimmen, wohl aber eine alte Muschel von
einer jungen unterscheiden lasse. Nun aber ist
dieses eine Behauptung, welche weit weniger
Grund hat, als jene des Herrn Gißler's, und
widerspricht oben darein unläugbaren Erfahrun-
gen, welche die Richtigkeit außer allen Zweifel
gesetzt haben, nämlich daß eine alte oder ausgewachsene Muschel niemals mehrere Windungen, als eine junge Muschel, habe 1).

Es ist daher weder das Alter einer Muschel, noch der Unterscheid zwischen einer alten
und jungen Muschel nach der Anzahl der Win-
dun-

---

1) Siehe Schrötters Geschichte der Flußconchylien.
S. 102.

dungen, sondern nach der Ausdehnung, und Wachsthumsgröße der sich jährlich erweiternden Windungen zu ermessen; und hier treten z. B. Krankheiten, Mangel an Nahrung, guten Säften u. s. w. des Muschelthiers als eben so viele Nebenursachen ein, welche die Bestimmung des Alters der Muscheln hie und da erschweren, aber im ganzen nicht heben. Eben dieser Meynung scheint mir auch Herr Gißler zu seyn, indem er das Alter der Muscheln nach dem Muschelwuchs in Absicht auf die Weite, wie er sich ausdrückt, zu bestimmen glaubt, obwohl übrigens seine Erklärung sehr mangelhaft ist.

Was einem Conchylienforscher, wie mich dünkt, in Hinsicht der Windungen, und Berechnung des Alters einer Muschel Bedenklichkeiten machen dürfte, ist, daß sich auch an ausgewachsenen und alten Muscheln immer an der Zahl ungleiche, erweiterte Windungen zeigen. Allein diese Ungleichheit mehrer oder weniger erweiterten Windungen kömmt nicht von Ungleichheit der Windungen an den Muscheln
schon

schon von ihrem Entstehen her, sondern von frühzeitigen Verwundungen der Muscheln, von daraus erfolgender Verletzung der Saftröhrer, Stockung der Säfte, und Verhärtung der Windungen. Daher erreicht eine Muschel, deren Windungen, vom ersten Wachsthum der Muschel an, nicht ordentlich ausgewachsen sind, selten mehr dann eine mittere Wachsthumsgröße.

## Sechstes Kapitel.
### Von dem Aufenthalt und der Lage der Perlenmuscheln.

Die Perlenmuscheln, wenn sie gedeihen, und reine, weisse, helle Perlen bringen sollen, verlangen sowohl in der See, als in den Flüssen und Bächen, reines, klares Wasser, mit kaltem thonigten Boden, der mit Sand, Stein und Gries überdeckt ist. In einem Boden, der zu steinicht und felsicht ist, erhalten sich die Perlenmuscheln nicht, indem sie wegen Härte des Grundes sich im Winter, wie sie pflegen,

nicht

nicht eingraben, und vor Kälte und Gefrie=
ſchützen können.

In Bächen, welche im Herbſt und Frühe=
jahre zu reiſſend fließen, oder im Sommer ver=
trocknen, iſt ebenfalls kein Aufenthalt für die
Perlenmuſchen; und in ſtehenden Wäſſern, in
Weyhern, Teichen, und Brunnenwäſſern, ge=
hen ſie in kurzer Zeit zu Grunde.

Die Perlenmuſcheln laſſen ſich hart von ei=
nem Waſſer in ein anderes überſetzen, und ge=
deihen überhaupt in ihrem erſten Aufenthalt beſ=
ſer, dann in einem neuen. Alle Verſuche, die
man mit Ueberſetzung der Perlenmuſcheln bis=
her gemacht hat, haben nicht den beſten Erfolg
gezeigt m). Auch finde ich keine Urſache die

Per=

---

m) Herr Hofmedikus Taubé, welcher uns in ſeinen
Beyträgen zur Naturkunde des Herzogthums Zelle
von einer im Jahr 1775 unternommenen Ueber=
ſetzung der Perlenmuſcheln Bericht giebt, hat
uns die Nachricht von dem Gedeihen, und der
Fruchtbarkeit ſeiner aus der Gerdau in andere
Flußwäſſer überſetzten Perlenmuſcheln nicht mehr
ertheilt.

Perlenmuscheln von einem Wasser in ein anderes, von einer Quelle in die andere zu übersetzen, so lange sich dieselben in einem Wasser nicht gar zu sehr (wie der Fall selten seyn dürfte) vermehren. Gedeihen die Muscheln in ihrer Mutterquelle, in ihrem Naturwasser, so würde die Uebersetzung sehr unschicklich seyn, außer in eine ähnliche Quelle; denn die Perlenmuscheln unserer süssen Wässer z. B. aus ihren frischen Quellwässern in ein Flußwasser, das mit Sumpfwasser oder Eisenocher untermengt ist, versetzen, würde den Muscheln nicht zu besten kommen, und ihr Gedeihen, ihre Fruchtbarkeit mehr hindern, dann befördern.

Die Lage der Perlenmuscheln betrefend, bemerkt man durchgängig, daß diese Muscheln sowohl in der See, als in den Flüssen gerne am südlichen Lande, in der Kühle, in tiefen Höhlen liegen. In unsern Perlenbächen läßt sich den ganzen Sommer über beobachten, daß die Perlenmuscheln in Höhlungen, und Plätzen, welche von Bäumen am Gestade beständigen

Schat=

ten haben, sich immer häufiger sammeln, als in Orten, welche die Sonne frey bescheinet.

Besonders trachten die größern Muscheln, und so auch die vollgesogenen, immer mehr nach der Tiefe und Mitte des Wassers; die kleinern Muscheln aber sind gemeiniglich näher am Ufer, und lieben untiefes Wasser.

Den Winter über graben sich die Perlenmuscheln bis zum Frühling in den Kies oder Sand. Gegen Ende des Monat Märzes verlassen sie nach und nach ihr Lager, und liegen wiederum zerstreut auf dem Grunde des Wassers. Bis Ende Aprils liegen sie schon so dicht nach der Länge an einander, daß sie eine ganze Kette formiren. Um Mitte des Maymonats fangen die Muscheln an sich über die Oberfläche des Wassers zu erheben, fangen morgens und abends mit offenen Schalen das Thau auf, senken sich wiederum in die Tiefe, und kreisen ganz langsam am Grund ihrer Quelle fort.

Sie-

# Siebentes Kapitel.
## Von der Bewegung der Perlenmuscheln.

Man unterscheidet hauptsächlich an den Flußmuscheln, und Schnecken eine zweyfache Bewegung, wovon die eine Motus exsertorius, und die andere Motus progressivus v) genennt wird.

Den Flußmuschelthieren, worunter die Perlenmuscheln gehören, ist nur der sogenannte Motus progressivus eigen, indem sie durch verschiedene Nerven und Muskeln, besonders an dem Rücken und Seitenwänden, an ihre Schalen angewachsen sind.

Die

---

v) Motus exsertorius ist nur den Thieren der Schnecken eigen, und hat seine Benennung daher, weil sich dieselben von ihren Gehäusen entledigen, und heraustretten können. Motus progressivus heißt bey den Conchyliologen, wenn sich das Muschelthier zweyschalichter Conchylien von einem Ort zum andern hinbewegt, aber immer in seinem Schalen angewachsen bleibt.

Die Hauptbewegung, welche die Perlenmuscheln unserer süßen Wässer, d. i. unserer Flüsse, und Perlenbäche, machen, ist, daß sie sich durch die Federkraft ihrer Sehnen, womit sie ihre Schalen öffnen und schließen, in die Höhe schwingen, ihre Muschel so weit, als möglich, öffnen, oder flach machen, und sich also an der Oberfläche des Wassers eine Zeit lang erhalten o).

Eine andere Bewegung, welche die Perlenmuscheln machen, ist, daß sie sich vermittels ihres Arms oder Fußes, wovon oben Erwähnung geschehen, auf dem Grunde des Wassers, auf dem Sande fortschleppen, den breiten Arm fest ansetzen, den Sand unter sich wegarbeiten,

ordent=

---

o) Bemelte Bewegung über die Oberfläche des Wassers läßt sich bey den Perlenmuscheln der Meere nicht beobachten. Les meres-perles ne peuvent pas s'elever jusqu'à la face de l'eau pour y recevoir la rosée, puisqu'elles restent toujours au fond, et attachées tres ferme aux rochers. Encyc. des sciences, des arts, et des metiers. Tom. XII. p. 382. (à Neufchastel.) 1765.

ordentliche Furchen machen, ihre Schale nachziehen, und so ganz langsam und träge fortkreisen. Daher Gemeiniglich der Wirbel bey den Perlenmuscheln wegen des Fortschleppens ganz abgerieben, und hingewetzt ist.

Bemelte Bewegung läßt sich bey unsern Perlenmuscheln im Sommer zwar alle Tage, vorzüglich aber zur Heckzeit, da sie sich beym Paaren einander nähern müssen, beobachten.

## Achtes Kapitel.
### Von den berühmtesten Perlenmuscheln.

Es wohnen die Perlenmuscheln vorzüglich in den west- und ostindischen Meeren. Allein die Ostindischen sind größer, schwerer und berühmter. Diese letztern erwachsen zu einer so ansehnlichen Größe, daß einzelne Schalen, welche die Länge und Breite einer Hand, und fast die Dicke eines Zolls haben, in Menge auf grossen Handlungsplätzen, wo ostindische Compagnien sind, verkauft werden.

Persien und das glückselige Arabien haben eigentlich einen Schatz, nicht so fast der größten, als der fürnehmsten perlentragenden Muscheln, welche selbst die Ostindischen übertreffen; und werden die Perlen, welche von Bahren, Ormus, und Mascate nach Europa gebracht werden, für die besten orientalischen Perlen gehalten, und verkauft p).

Unter den europäischen Perlenmuscheln zeichnen sich vorzüglich aus, die Liefländischen am finnischen Meerbusen; dann die Muscheln, welche in den Flüssen und Strömen von Westbothnien und Lappland wohnen. Ferner sind berühmt die Norwegischen Perlenmuscheln im Stifte Christianssand, die Schottländischen vom Flusse Tay oder Tee, die Böhmischen aus der Moldau und Watta, die Rehauischen im Bayreutischen, die Vogtländischen aus der Elster, die Herzogthumzellischen u. s. w. Wer über die Perlenmuscheln verschiedener Weltgegenden, und

von

---

p) Siehe Reisebeschreibung des Ritters Tavernier von Persien nach Indien. 2. Th. S. 136. 137.

von außerordentlicher Größe, ein mehrers nachlesen will, beliebe in der Margaritol. von Malach. Geiger. S. 2. 7. nachzusehen.

## Neuntes Kapitel.
### Von den Herzogthum baierischen Perlenmuscheln.

Unter denen in Europa berühmten Perlenmuscheln stehen unsere baierischen Perlenmuscheln keineswegs unten an. Tavernier q) räumt unter den europäischen Perlenmuscheln den schottländischen und baierischen Muscheln die erste Stelle ein, obwohl Herr Gißler und mehrere andere Conchyliologen den lief- und lappländischen Perlenmuscheln in Rücksicht ihrer Größe, und Fruchtbarkeit den Vorzug geben. Allein wie immer die Rangordnung der in Europa berühmten Perlenmuscheln gehen mag; so viel ist gewiß, daß unsere baierischen Perlenwässer

in

---

q) Reisebeschreibung von Persien nach Indien. 2 Th. S. 148. man vergleiche hiemit die Encyc. des sciences, des arts, et des metiers. Tom. XII. p. 384.

in Hinsicht ihres sandichten, mit Stein und Gries vermischten Bodens, und frischer, reiner Quelle die beste Anlage zur Perlenzeugung haben, und überhaupt den Perlenmuscheln gutes Fortkommen und Gedeihen geben.

Die berühmtesten baierischen Perlenwässer sind vorzüglich die zween Flüsse, der Regen (Regenus) und die Ils (Ilissus). In diesen Flüssen, wie auch in sehr vielen andern kleinern Wässern und Bächen finden sich die Perlenmuscheln in zimlicher Anzahl, und waren ehemals, wie uns Wilhelm Weinmann in den Preßlauer Naturgeschichten vom Jahre 1725. Clas. IV. art. 8. p. 70. berichtet, in großer Menge anzutreffen. Allein durch den frequenten Muschelraub, durch die gewaltsamen Mißhandlungen, welche die Muscheln seit langer Zeit her beym Eröffnen ihrer Schalen zur Zeit des Perlenfanges von den rohen Perlenfischern erlitten, sind unsere Perlenmuscheln nicht wenig in Abgang gerathen. Hiezu kommen noch die Wasserableitungen, wodurch die Perlenbäche ihr Rinnsaal

oft

oft verlaſſen, und die Muſcheln aus Mangel des Waſſers zu Grunde gehen müſſen. Ferner ſind hier in die Rechnung zu ziehen die vielfältigen Verdämmungen, welche von böſen Nachbarn an den Perlenwäſſern in der Abſicht angelegt werden, um die Fiſche in den Perlenquellen leichter zu fangen, und die Perlenmuſcheln eher zu bekommen. Was aber den Schaden vergröſſert, iſt, daß dergleichen Leute die Verdämmungen oder Aufdämmungen, aus Unvorſichtigkeit oder Eile, meiſtens ſtehen laſſen, wodurch die Quellen vertrocknen, und die Muſcheln aus Abgang des Waſſers verderben müſſen. Alle dieſe Unfuge haben die Perlenmuſcheln aus unſern baieriſchen Perlenwäſſern zimlich ausgerottet. Eben dergleichen Bemerkungen hat auch ſchon Herr Gißler, Lehrer der Naturlehre am Gymnaſ. zu Hernoſand gemacht, indem er uns in den Abhand. der Schwed. Akad. 24. B. S. 64. verſichert, daß die meiſten königl. Schwed. Perlenfiſchereyen in den Flüſſen und Perlenwäſſern in Angermannland, Medelpad und Jemtland theils durch Verdämmung, theils durch un-

C zeitige

zeitige Perlenfischereyen, und ungeschickte Behandlung der Perlenfischer zu Grunde gegangen seyen. Malac Geiger hat schon im Jahre 1637 in seiner Margaritologia. S. 15. über den Mangel der Perlenmuscheln in unsern baierischen Perlenwässern also geschrieben: Caussæ, cur apud nos margaritarum tanta copia non inveniatur, quanta in India, Persia &c. diveræ recensentur, & partim Vitio regionis nostræ, partim humanæ incuriæ, & malevolentiæ ad scribuntur. Palam etenim est, circa principium Veris plurimos (penes quos potestas non est) Piscationibus diu noctu que incumbere, simul que conchulas margaritiferas e sua statione & loco movere: tum etiam carnem concharum tanquam escam piscium gratissimam hamis imponere, quo felicius capiant pisces: expiscantur quoque subinde ipsas conchas margaritiferas, illas que sine ullo discrimine, ignari, sint ne Unionum participes, nec ne, aperiunt, iterum que in Aquas proiiciunt: quod plane non facerent, si scirent, carnes illarum concharum etiam naturæ nostræ pro cibo

cibo acceptissimas & gratissimas esse. Denique conchae nostrae, cum ut plurimum in rivis illis, qui molendina alluunt, copiose satis degant, molitores vero damnum aliquod ex vi Aquae vel alia caussa in molendinis perpessi, ut illud commode reparare queant, saepius aquas alio dirigant & divertant, propriumque alveum deserere cogant, fit, ut interim conchae omni aqua destitutae a molitorum domesticis surripiantur, & aperiantur aut omnino pereant, & corrumpantur. Hoc idem contingit, quando rustici campos suos aquis istis irrigant. Quas omnes modo recensitas incommoditates neque indicum, neque persicum mare patitur: non mirum ergo quod in Tranquillo & vadoso mari plures perfecti inveniantur Uniones quam in nostris fluviis.

Wenn man nun die zerstörende Haushaltung, und das unbillige Verfahren ansiehet, das bald aller Perlenfischery ein Ende machen kann, so dürfte man noch bey Zeiten die nöthigen Ver=

fügun=

fügungen treffen, um dem gänzlichen Verfall des baierischen Perlenwesens zuvor zu kommen.

## Zehentes Kapitel.
### Von den Farben der Perlenmuscheln.

Die Farben an den Perlenmuscheln unserer süssen Wässer, unserer Flüsse, und Bäche sind zwar nicht so vielfach, als bey den Perlenmuscheln der See oder Meere; auch ist es wahr, daß unsere Flußmuscheln den weissen, und erhöhten perlenmutter Glanz der Seemuscheln, vorzüglich der Orientalischen, keines wegs vollkommen erreichen. In zwischen haben doch unsere Flußmuscheln, und unter diesen besonders die Perlenmuscheln auſſer der weiſſen Perlenmutter oder Silberfarbe auch gelbe, röthlichte, bläulichte, olivengrüne Farben oder Strallen, welche sich meistens vom Schloſſe an nach dem äuſſern Rande herunter verbreiten, und zwar etwas matt, aber sehr angenehm unter sich wechseln.

Wie

Wie aber die verschiedenen Farben in den Conchylien überhaupt, und so auch in den Perlenmuscheln entstehen, unterschreiben die neuern Conchyliologen einhellig der Meynung des alten Plinius r) und behaupten, daß die Farben der Conchylien aus den unterschiedlich gefärbten Säften des Muschelthiers herkommen, weil selbst aus diesen Säften die Schale gebildet wird, und daher also auch die verschiedenen Flecken, Streifen, und Züge der Schale entstehen müssen. Eben diese Meynung hat auch Herr von Reaumur in seinem memorie sur la formation de coquilles sehr weitschichtig und gründlich aus einander gelegt s), und wer über das Entstehen und den Wachsthum der Muscheln nach dem oben erwähnten Vaskularsystem des Herrn Hofraths Walch nichts einzuwenden hat, wird auch über die Entstehung der verschiedenen Farben in den Conchylien keine sonderlichen Bedenklichkeiten finden.

Daß

---

r) In Cute enim coneharum testoceæ colores apparent, non aliunde profectæ multicolores & variæ, nisi ex variis Humoribus, quibus nutriuntur. Plin. Hist. nat.

s) Histoir de l'Acad. roy. des sciences. an. 1717. p. 186.

Daß der Hals des Muschelthiers, wie im Bremischen Magazin. II. Th. S. 519. zu lesen ist, gemeiniglich die innere Schale der Conchylien Farbe, ist ein Vorgeben, das wenig oder gar keinen Grund hat, und keiner, auſſer aus oben berührtem Grunde hergeholten Wiederlegung bedarf. Man lese hierüber Schrötters Geschichte der Flußconchylien. S. 104.

## Eilftes Kapitel.
### Von dem Pfauenstein.

Aus dem starken Zahn der Perlenmuscheln, wovon oben bey der Struktur der Perlenmuschel gehandelt worden, lassen einige falsche Perlen drehen, die sie zwar wohlfeiler, als die wahren, und eigentlichen Perlen, aber doch eine Schnur vor etliche Thaler, wie uns Herr Geoffroi berichtet, verkaufen. Nun aber sind Jubelnkenner auf den Gedanken gerathen, bemelten Zahn, oder vielmehr das ganze knorplichte Schloß am Rande

der

der Muschel schleifen zu lassen \*) und auf einen guten Stein auszugeben,. dieser betrügliche Stein, welcher im dritten Theil des Linneischen Natursystems beschrieben wird, heißt daselbst Helmintholitus Androdamas, Gemma e viridi & Cæruleo nitidissimo pro situ & & flexione versus lucem varians. Mytili margaritiferi tendo cardinis induratus & politus hanc gemmam præbet ab Artificibus elaborandam. Eben dieser Pfauenstein, welcher ein undurchsichtiger schöner Stein scheint, der einen grünblauen hohen Glanz hat, und dessen abwechselnde Farben beym Licht mit der Pfauenfeder eine Aehnlichkeit haben, wurde vormals, ehe man ihn kennen gelernt hat, von Jubelierern und Juden als ein Edelgestein sehr theuer verkauft. Nachdem man aber seit einiger Zeit entdeckt hat, daß dieser Stein zimlich locker ist, und die Härte eines edlen Steines nicht hat, auch nichts anders sey, als der Knorpel oder Zahn der Perlenmutter, der das Charnier (cardinem conchæ)

aus=

---

\*) Es muß aber das Schleifen des knorplichten Randes, nachdem derselbe trocken geworden und verhärtet ist nach der queer und über die Fasern geschehen.

ausgemacht, hat auch der hochberühmte Pfauenstein sein Ansehen und seinen Werth verloren.

## Zwölftes Kapitel.
## Vom Gebrauche der Perlenmuscheln.

Unter der ungeheuren Menge verschiedener Conchylien, welche man seit dreyßig Jahren mehr eines herrschenden Geschmackes willen, als der Wissenschaft wegen, aus allen Theilen der Welt bis zur Verschwendung, wie es vor nicht langen Jahren in Frankreich noch Mode war, in die Cabinete gesammelt hat, ist doch nur die einzige Perlenmutter oder Perlenmuschel, welche ihres mannigfältigen Gebrauches und Nutzes wegen besondere Achtung verdient; da hingegen die Holländer aus allen andern Arten von Conchylien, deren sie am Strande des Meeres immer eine Menge finden, nur Kalch brennen t), die Perlenmuscheln aber, oder vielmehr das innere Perlenmutter derselben gebraucht man, in dem man es schneidet, und spaltet, als Einfas-

dem

---
t) Siehe buffon Hist. nat. tom. XII. p. 52.

ſungen und Verzierungen zu verſchiedenen Kunſt= und Galanteriearbeiten, als z. B. zu Clavieren, Stockuhren, Tabatieren, ſouvenirs, Knöpfen, Meſſerheften, Roſenkräntzen, u. ſ. w. beſonders nimmt ſich das Perlenmutter bey eingelegten Arbeiten ſehr ſchön aus, wenn es mit Schild= krot oder Ebenholz verſetzt iſt. was die ganzen Perlenmuſcheln betrift, haben dieſelben auſſer ihrer Verwendung zu Auszierung der Grotten zu unſern Zeiten in Europa faſt keinen andern Gebrauch mehr. Was aber die übrigen Natio= nen in verſchiedenen Welttheilen von den Per= lenmuſcheln für ſonderheitlichen Gebrauch ma= chen, haben Tavernier und andere Reiſebeſchrei= ber ausführlich berichtet. Hiemit endet ſich, was ich von den Perlenmuſcheln zu handeln für nöthig befunden habe.

Zwey=

## Zweyter Abschnitt.
### Von der Perlenschnecke.

### Erstes Kapitel.
Bestandtheile der Perlenschnecke (Karakter).

Da jede Conchylie, und so auch die Perlenmuschel von einem Thiere bewohnt wird, so komme ich nun, nachdem wir die Muschel oder das Gehäuse des Perlenmuschelthiers von aussen und innen betrachtet haben, von dem Thiere selbst zu handeln, welches die Perlenmuschel bewohnt.

Dieses Thier, wovon hier die Rede ist, wird von den Naturforschern nach der allgemeinen Benennung der Austern bald der Conchylienbewohner, bald das Schalthier, oder Muschelthier, von den neuern Conchyllologen aber unter dem specifischen Name, die Perlenschnecke, genennt.

Den

Den Karakter der Perlenschnecke zu bestimmen, ist so leicht nicht, als einige Naturforscher glauben; denn da sich die Perlenmuscheln nicht weit öffnen, und die darin wohnende Schnecke nicht hervorkriechen kann, auch über das mit verschiedenen Häuten umgeben, mit Sehnen und Adern die Länge und die Queer durchwebt ist, so möchte man leichter die Bestandtheile der einschalichten Schnecken, als der Perlenschnecke aus einander setzen und bestimmen können. Die ganze kleine Perlenschnecke, so wie sie in der Muschel liegt, scheint ein Zungenähnlicher Klumpen Fleisch, welcher weißlicht von Farbe, und längst dem äussern Rande in zwo Hälften getheilt ist.

Die sichtbaren Theile, welche die Perlenschnecke, wenn man sie im Wasser untersucht, an sich erkennen läßt, sind: der Kopf, der Saugrüssel (Proboscis) *) der Fuß oder Arm, der

Bauch

---

*) Der Saugrüssel dient den Perlenschnecken, und so den meisten zweyschalichten Conchylien statt des Mundes, welchen sie, wan sie Nahrung saugen wollen, gemeiniglich ein Zoll lang auser der Muschel hervorstrecken.

Bauch, die Zeigungsglieder, die Barthäute, welche zwey blättrichte Häutchen an jeder Seite des Körpers der Schnecke sind, welche, wie es scheint, gleichsam die Fischohren oder Lungen ausmachen, womit die Schnecke, eben so wie die Fische, Wasser an sich ziehet.

Die innern Theile der Perlenschnecke, oder diejenigen, welche man nicht mehr bemerken kann, sind, wie sich analogisch schliessen läßt: der Magen (weil doch die Schnecke von Nahrung lebt, und verdauen muß;) Ferner die Eingeweide, das Herz, die Leber, das Blut (freylich nicht rothes Blut, indem die Conchylien, so wie alle Würmer und Insekten unter die Blutlosen Thiere gezählt werden; sondern cirkulierende dicke Feuchtigkeit des thierischen Körpers, welche statt des Bluts dient. Ausser bemelten innern Theilen der Perlenschnecke wollen einige der Schnecke auch Augen, Ohren, Zähne u. s. w. zugeben; allein ich glaube mit Herrn Kästner u)

daß

---

u) Abhand. der Schwed. Akad. 24. B. S. 69.

daß die Conchylien überhaupt keinen äusserlichen Sinn, als nur das Gefühl und den Geschmack haben. Diese zween Sinne scheinen Thieren, die ihre Nahrung suchen und unterscheiden sollen, unentbehrlich zu seyn. Es giebt Menschen, welche sich mit diesen beyden Sinnen begnügen können, zumal wenn zum Gefühle auch die Empfindung mitgerechnet wird, um deren Willen sich auch die Muscheln einander nähern.

## Zweytes Kapitel.
### Zeugungs Geschäft der Perlenschnecken.

Nach Adanson's und Bonnet's Beobachtungen w) welchen auch Gißler x) Martini, Schrötter, und die mehresten Conchyliologen beypflichten, sind die Perlenschnecken, so wie alle Bewohner zweyschalichter Conchylien, Hermaphro-

---

w) Siehe Bonnet. II. Th. Art. 301. S. 117. nach der Uebersetzung von Goeze.

x) Abhand. der Schwed. Akad. 24. B. S. 137.

maphroditen oder Zwitter, welche beyde Geschlechte in sich vereinen, Männchen und Weibchen zugleich sind, und also einander befruchten, und befruchtet werden können.

Indessen behauptet doch Geoffori y) daß die Flußmuscheln eine ganz andere Art von Zwittern, als die Spitzhörner, und Schnecken seyen, daß man bey ihrer Untersuchung weder weibliche, noch männliche Geschlechtstheile bemerke, und dieselben ihres gleichen ohne Begattung hervorbringen. Allein Lyonet in seinen Anmerkungen zu Lessers Insectotheol. 2. Jahrgang. S. 312. macht die Behauptung des Herrn Geoffroi sehr wankend, indem er sagt: daß bey einem so ungeformten kleinen Thiere, als eine Flußschnecke ist, die Theile, welche die beyden Geschlechter bezeichnen, nach ihrer Gestalt und Lage so unkenntlich seyn können, daß man sie vielleicht sehen, und doch nicht erkennen und unterscheiden kann. Endlich sieht man ja auch an

den

---

y) In seiner Abhand. von den Conchylien um Paris. S. 113. nach der Uebersetzung von Wilhelm Martini.

den Fischen unserer Flüsse weder Ruthe, noch Mutterscheide, und doch behauptet Niemand, daß die Fische nicht Männchen und Weibchen sind.

Mery *) und einige andere halten dafür, daß die Flußmuscheln als Zwitter sich selbst befruchten. Ein Vorgeben, welches der Erfahrung und der Natur der Zwitterschaft widerspricht.

Poupart **) endlich glaubt, daß die Flußmuscheln von andern Muscheln befruchtet wergen. Ist, wie ich dafür halte, nur eine andere Meynung — und nichts weiter. Warum, frage ich, sollen die Flußmuscheln nicht von ihres Gleichen befruchtet werden? die Erfahrung zeigt, daß unsere Perlenmuscheln wirklich nur von ihres gleichen befruchtet werden z) indem sie nur einerley Gattung sind, und also von andern Muscheln, welche nicht da sind, nicht befruch-

---

*) Hist. de l'Acad. roy. des sciences. An. 1710. S. 533.
**) Hist. de l'Acad. roy. des sciences. An. 1706. S. 74.
z) Man vergleiche hiemit Abhand. der Schwed. Akad. 24. B. 138.

fruchtet werden können. In der See oder in den Meeren möchte es allenfalls Geschehen, daß eine Gattung der Muscheln von andern befruchtet würde; aber auch hierin dürfte vorhin wiederum lediglich die Erfahrung über Conjektur oder Zuverläßigkeit entscheiden.

## Drittes Kapitel.
### Von der Heckzeit der Perlenschnecken.

Fischerstein a) und Peter Edins b) Aufseher der königl. Schwed. Perlenfischeryen berichten, daß sie in den Monaten Julius und August eine schleimichte, milchichte Feuchtigkeit in den Muscheln der Perlenschnecken gefunden haben, vermittels welcher sich die Schnecken einander befruchten sollen. Mery und einige andere wollen nichts von diesem Milchsaft wissen, und glauben, daß die befruchtende Feuchtigkeit in einem Saamenbläschen der Schnecken eingeschlossen sey, bis sich dieselben einander nähern, und hecken. Nach

---

a) Abhand. der Schwed. Akad. 24. Th. S. 137.
b) Ebenda. 14. Th. S. 242.

Nach eigens angestellten Beobachtungen habe ich zwar besonders in dem Monat August in unserm Herzogthumbaierischen Perlenmuscheln ein milchichtes Wesen unter der sonst zu jeder Jahrszeit in den Muscheln befindlichen schleimichten Feuchtigkeit angetroffen. Ob aber eben diese milchichte Feuchtigkeit der Befruchtungssaame der Muscheln sey, zweifle ich sehr, und zwar zweyer Ursachen wegen. Erstens, weil man auch an den Fischen und Erdschnecken zur Laichzeit der ersten, und Heckzeit der letztern eine schleimichte Feuchtigkeit in grösserer Maaße, als zu andern Zeiten, wahrnimmt, ohne daß jedoch jemand behauptet, daß eben diese Feuchtigkeit der Zeugungsstoff derselben sey. Zweytens kann bemelte klebende, milchichte Feuchtigkeit an den Perlenschnecken von aussen, und an den Muschelwänden durch keine Federkraft in eine zu befruchtende Muschel, oder in ein anders individuum von Perlenschnecken hinüber gebracht werden. Ich schließe also, zwar nur analogisch, daß die Perlenschnecken in ihren innern Theilen unter dem Bauch ein Saamenbehälthältniß haben, und dieser Saame oder Keim durch eine Schnellkraft von innen aus einer Muschel in die andere hinüber gebracht werden müsse.

Die gewöhnliche Heckzeit fangt bey unsern Perlenschnecken, wenn die Jahrszeit günstig ist, und der Winter nicht zu anhaltend gewesen, um Mitte des Julius an, und endet mit Ende August, oder in Mitte des September. Die nämliche Heckzeit hat auch Herr Krey \*) Aufseher der königl. Schwed. Perlenfischerey in Liefland beobachtet, obwohl Peter Edius berichtet, daß die Lappländischen Perlenmuscheln erst im Monat September zu hecken anfangen.

In warmen Ländern aber, welche kein so hartes Clima, wie Schweden und Deutschland haben, hecken die Perlenmuscheln schon im Monate Junius. Daher schreibt auch Plinius de Testaceis. p. 164. von den Afrikanischen Muscheln: Junio ineunte in coitu has Cochleas vidimus.

Vier-

---

\*) Siehe Universal-Lexicon aller Künste und Wissenschaften 27. B. S. 472.

## Viertes Kapitel.
### Von der Gebährzeit der Perlenschnecken.

Unter der Gebährzeit der Perlenschnecken verstehe ich die Zeit, um welche dieselben als Zwitterthiere ihre jungen, d. i. ihre mit einer förmlichen Muschel eingeschlossenen junge Perlenschnecken aus ihrer Muschel verdrängen, und dieselben in einer Quelle, in einem Fluße, oder in der See ihrem fernern Wachsthum, ihrem Schicksale überlassen.

Diese Gebährzeit der Perlenschnecken zeigt sich in unsern Perlenwässern nach Verschiedenheit eines kalten oder gelinden Frühejahres bald schon zu Ende März, bald auch im April, meistens aber im Monat May, wo die jungen Muscheln, oder Eyer, wie einige wollen, aus ihrer Muttermuschel in der Wachsthumsgrößße einer kleinen Bohne geworfen, und in die Quelle versenkt werden.

Was die Perlenmuscheln oder Perlenschnecken in Liefland, Lappland, Schottland, und andern berühmten Perlenwäſſern für eine Gebährzeit halten, konnte ich durch Lektür bisher nicht in Erfahrung bringen, und bemerke überhaupt bey den Conchyliologen faſt einhellig ein tiefes Stillſchweigen über die Gebährzeit, und über die Art und Weiſe, wie die jungen Muſcheln aus den Alten zum Vorſchein kommen. Selbſt Herr Schrötter, welcher die Geſchichte der Flußconchylien mit Vorſatz bearbeitet hat, hat die zwey wichtigen Artikeln „ von der Gebährzeit bemelter Conchylien, und von der Wachsthumsgröße, mit welcher die jungen Conchylien aus den Alten hervortretten, ganz und gar nicht berührt. Indeſſen ſchreibt doch Liſter de Cochleis fluviatil. Angliæ. S. 180. Menſe Majo fæturam in mare ejiciunt; und Gesner de aquatilibus. S. 291. giebt uns über die Gebährzeit, wiewohl etwas dunkel und unbeſtimmt, folgenden Bericht: Ova pariunt, quibus incubantes (von ohngefähr) aliquando reperiuntur Menſe Majo. Eben ſo wenige Aufſchlüſſe über

dieſes

dieses Kapitel giebt uns Martini in seiner Abh.
von den Austern. 8. B. S. 3. 4. und Schwammerdam in seiner Bibel der Natur. S. 77.

## Fünftes Kapitel.
### Von der Nahrung der Perlenschnecken.

Die Nahrung der Perlenschnecken, und so auch der übrigen Flußconchylien, ist überhaupt Wasser und Sand, und endlich, was im Wasser in Fäulniß übergeht, als z. B verschiedene Kräuter, Wurzeln, Wasserinsekten, u. d. gl. Es muß aber das Wasser unserer Flußmuscheln, darunter die Perlenmuscheln die vorzüglichsten sind, süsses Wasser seyn, denn ein salzichtes Wasser würde keine Nahrung für unsere Flußmuscheln abgeben, und die Muscheln in solchem Wasser zu Grunde gehen.

Graf Ginanni und und von Argenville versichern, daß vorzüglich die kleinern Fische, die in Fäulniß übergehen, eine Nahrung der Flußconconchylien sind, und die Conchyliologen behaupten einhellig, daß das Thau eine Lieblingsnahrung der Perlenschnecken sey c).

Einige der neuern Naturforscher haben eine künstliche Nahrung für die Flußconchylien ausfindig gemacht, und Schwammerdam hat sie mit Sallat gefüttert, Hanov mit Weinbeeren d) und andere wohl gar mit Rockenmehl.

Indessen halte ich dafür, daß es unnöthig sey, die Flußconchylien, und so auch die Perlenschnecken in ihrem natürlichen, süssen Wasser zu füttern, indem auch das reinste Quellwasser hinlängliche Nahrung mit sich führt, und es das Ansehen hat, daß die Perlenschnecken ledig-

---

c) Daß das Thau nur eine Nahrung für die Perlenschnecken der Flüsse und Bäche seyn kann, ist oben unter dem Kapitel von Bewegung der Perlenmuscheln zu ersehen.

d) Da die Flußconchylien ihre Nahrung nur durch den Saugrüssel in sich schlucken, so versteht sich, daß der Sallat und die Weinbeere vorher in Fäulniß übergehen müssen.

lediglich keines Schlammes, keiner in Fäulniß übergangenen Insekten, kleiner Fischen, Kräuter und Wurzeln nöthig haben, sondern nur aus Sand und Wasser, wie Malac. Geigerus in seiner Margaritol. S. 23. bemerkt, einen Extract für ihre Nahrung heraussaugen, obwohl übrigens die in Fäulniß übergangenen Wassergewächse und Insekten, da sie sich mit der Quelle vermischen, von den Perlenschnecken müssen eingesaugt werden.

## Sechstes Kapitel.
### Besondere Phänomenen der Perlenschnecke.

Die Perlenschnecken sind überhaupt, sowohl in der See, als in den Flüssen, träge Thiere, welche ihre Lage nicht gerne verlassen, und wenn sie auch ihre Stelle verändern, und weiter kreisen, sehr kurze Wanderschaften mit ihren Muscheln machen. Besonders bemerkt man, daß jene Perlenschnecken, welche Perlen in ihrer Muschel halten, sich sehr selten mehr bewegen,

wegen, und ihre Lage fast nicht mehr verändern. Die Ursache von den letztern ist, wie ich mit Herrn Hofmedikus Taubé dafür halte, weil das viele Abschäumen, welches an den Perlenschnecken der See durch die Verwundungen der Pholaden und Bohrwürmer, an den Perlenschnecken der Flüsse aber durch die Muschelbohrer (eine Art Würmer) befördert wird, den Schnecken eine Art von Krankheit, eine Schwäche verursachet, so daß sie zu jeder freyen Bewegung unvermögend und kraftlos gemacht werden.

So oft die Perlenschnecken eine Wanderschaft vor sich nehmen, gehen sie mit ihrem Gehäuse jederzeit gegen den Strom. Die Ursache davon ist, wie ich dafür halte, um ihre Reisen nach ihrer trägen Natur desto langsamer machen zu können, und nicht so bald von dem Strome mitgenommen zu werden, als wenn sie abwärts giengen, indem die Schnecken mit ihrem in den Sand eingehäckten Fuß oder Arm (wovon schon öfter Erwähnung geschehen) ihre Muschel im-

mer

mer nach sich ziehen müssen, und die Schnecken sammt ihrem Gehäuse alle Augenblicke unter über sich würden gekehrt werden, wenn sie das stumpfe untere Ende, und nicht das schmälere und länglichte obere Ende ihrer Muschel gegen den Strom kehrten, das ist, wen die Schnecken auf ihren Wanderungen nicht gegen die Quelle giengen.

Ferner, wenn sich die Perlenmuscheln in ihrem Lager befinden, so stehen sie allzeit mit ihrem stumpfen Ende, das ist, auf ihrem Rande halb geneigt, in dem Wasser, und mit der Oeffnung gegen die Quelle gekehrt. Die beeden Schalen stehen bey völlig ausgewachsenen Muscheln meistens $\frac{1}{3}$ Zoll offen, und da bemerkt man an den Perlenschnecken ein gleiches Athemholen, und Bewegung, dabey sich die Schalen etwa zwey Linien öffnen.

Eben so läßt sich beobachten, wie die Perlenschnecken Nahrung saugen, und wiederum von sich geben. Die Schnecken stecken nämlich ihren

ren Saugrüssel eine Zoll weit zwischen beeden geöffneten Schalen heraus, und saugen sich dann voll an. Nimmt man nun eine solche eben angesogene Muschel plötzlich aus der untiefen Quelle, so sieht man, wie die Perlenschnecke das eingesogene Wasser durch den Saugrüssel in der Dicke eines kleinen Rabenfederkiels so lange von sich sprützt, bis sie sich geleert, und ihre Muschel geschlossen hat. Auch zeigt es sich in der Quelle, daß die Schnecke, sobald dieselbe aus dem eingesogenen Wasser ihre Nahrung genommen hat, dasselbe in kleinen Wirbeln und Bläschen wiederum aussprudelt.

So oft ein Donnerwetter am Himmel ist, senken sich die Perlenmuscheln in die Tiefe, und wenn sich plötzlich Blitze zeigen, so schließen die Perlenschnecken, wenn sie auch etwas angesogen sind, oder Perlen tragen, ihre Muschel, ohngeachtet des Zwanges, den sie dadurch leiden, mit ungewöhnlicher Schnelligkeit zu. Eben so senken sich die Perlenschnecken am Morgen,

gen, wenn die Sonne das erstemal ihre Stralen ausgießt, in die Tiefe, obwohl sie sich, so lange die Morgenröthe anhaltet, besonders bey anfallenden Thau sehr gerne auf der Oberfläche des Wassers verweilen; sehr deutliche Anzeigen, wie es scheint, daß die Perlenschnecken die Blitze, und den Sonnenschein fliehen. Aber warum? Vielleicht daß sie aus einem geheimen Instinkt *) der Natur fürchten, wenn ich so sagen darf, daß ihre Frucht, die Perlen, durch einfallende Sonnenstralen oder die Blitze, welche denselben ähnlich scheinen, nicht bemackelt werden e) nichts von ihrem Fluße (belle eau) oder Weiße verlieren. Hier ist noch zu erinnern, daß die Perlenschnecken, da sie sich bey plötzlichen Sonnenschein, Blitz und Donner zu schnell bewegen, um ihre Muschel zu schließen, ihre

Perlen

---

*) Diesen Instinkt, welchen die ältern Conchyliologen an den Perlenschnecken sensum periculi nennen, wollen die Naturforscher an den Conchylien aller Arten beobachten.

e) Daß die Perlen durch die Sonnenstralen wirklich befleckt und trübe werden, behauptet auch Plinius in seiner Hist. nat. Lib

Perlen zuweilen aus der Muschel werfen. Daher man dann und wann die Perlen frey im Sande liegend findet f) und auch schon manchmal im Kropfe der Gänse und Enten angetroffen hat, welche gerne klaren, glänzenden Quarzsand verschlingen.

Die Perlenschnecken haben ihre besondere Krankheiten: zuweilen werden sie brandicht (meistens von Eisenocher) zuweilen werden sie vom Krebse angegriffen; auch werden sie wassersüchtig, nicht selten bekommen sie Verwundungen, Schwinden und Abnehmen, daran glaublich die Pholaden und Bohrwürmer Schuld sind. Durch solche Krankheiten gehen die Per-
lens

---

f) Es scheint mir aber die schnelle, ungewöhnliche Bewegung der Perlenschnecken in erwähnten Fällen nicht die einzige Ursache zu seyn, warum hie und da Perlen im Grunde des Wassers gefunden werden. Wenn die Perlenschnecken von Perlen, besonders grösserer Art, zu starken Druck leiden, oder sonst von einer Art Krankheit befallen werden, oder gar abstehen, mögen wohl die Perlen aus den Muscheln verdrängt werden, oder selbst herausfallen, und im Sande liegen bleiben.

lenschnecken großen Theils zu Grunde, und vermodern, wo sodann ihre beeden Schalen auseinander fallen, und in der See und in den Flüssen zerstreut herumliegen.

Das Leben der Perlenschnecken hat in Anbetracht ihres Oceans etwas besonderes. Wenn man eine Muschel unter die Luftpumpe bringt, so kann die Perlenschnecke in einem solchen luftleeren Raume vier und zwanzig Stunde leben, da hingegen Hunde, Vögel, Mäuse u. d. gl. nicht eine Minute, und selbst die Fische kaum eine Viertel Stunde aushalten.

Drit-

# Dritter Abschnitt.
## Von der Perle.

## Erstes Kapitel.
Verschiedene Benennungen der Perle. Meynungen der alten Naturforscher vom Ursprunge der Perlen.

Die Perlen haben von den alten, besonders von lateinischen Naturskribenten verschiedene Benennungen erhalten. Bald heißen sie Margaritæ (vom Griechischen μαργαριτης) bald Maris Lapilli, oder Erithræi Lapides (vom Erithräischen oder rothen Meere); von andern werden sie Perlæ (von Pyrulus) genennt, weil sie sehr oft oval, oliven- und birnförmig sind. Von Plinius und Solinus aber werden die Perlen Uniones genennt; entweder weil die Perlen meistens nur einzeln in den Muscheln gefunden werden, oder weil gemeiniglich keine Perle der andern so ähnlich ist, daß sie nicht in Anbetracht der Größe, der Farbe, be, der Form, der Klarheit, des Gewichts von einander unterschieden werden können.

So viele der alten Naturkündiger über den Ursprung der Perlen geschrieben haben, in eben so viele Meynungen haben sie sich beynahe getheilt. Ich will nur ein und andere der sonderheitlichsten Meynungen der alten Skribenten über das Entstehen der Perlen berühren, und dann zu den Theorien übergehen, welche die neuern Conchyliologen über die Perlenzengung geliefert haben.

Unter den seltsamsten Meynungen der Alten über den Ursprung der Perlen scheint mir jene des chares Mitylenæus beym Athenæus lib. 7. Hist. eine zu seyn, welcher die Perlen für Austerbeine (Ostreorum Ossa) hält. Einige, und unter diesen vorzüglich Cardanus, glaubten, die Perlen seyen eine Geburt der Muscheln, und nicht des Muschelthiers; daher sahen sie die Perlen für einen ausgepreßten Saft der Muscheln (expressum Liquorem Testæ) oder für

Bocken

Bocken (Verrucas) für Auswüchse, unzeitige Geburten (Partus, Abortus) der Muscheln an.

Solinus endlich und Plinius glaubten, daß die Perlen aus dem Thaue entstünden. Ich wage es nicht weiter das Chaos der alten Meynungen über den Ursprung der Perlen zu durchwühlen, noch halte ichs für nöthig, bemelte Meynungen zu widerlegen, und weise meine Leser an die Margaritol. des Malac. Geiger an, welcher S. 26. sehr gründlich dagegen geschrieben hat. Nun auf die neuern Meynungen zu kommen.

## Zweytes Kapitel.
### Meynungen der neuern Naturforscher vom Ursprunge der Perlen.

Eine der bekanntesten Meynungen der neuern Conchylienforscher ist jene, welche uns der um die Conchyliologie so sehr verdiente Herr Valentiny in seinem Museum Museorum, part. II. cap. 3. p. 22. aus der Erfahrung eines königl. Schwed.

Schwed. Aufsehers der Perlenfischerey in Liefland geliefert hat, nämlich, daß die Perlen nichts anders seyen, als die Eyer in den Muscheln, welche mit zween Fingern sanft müssen gedrückt werden, damit sie nicht auskriechen, sondern zu Perlen werden. Die Zeit, wann dieses Experiment sollte gemacht werden, ist nicht benennt; es würde aber in unsern Flußperlenwässern der Hornung, da die sogenannten Eyerchen eine etwas mehr dann mittere Wachsthumsgröße haben, die beste Zeit zu bemelten Versuche seyn, wenn doch die vorgebliche Erfahrung des Herrn Valentiny physische Wahrscheinlichkeit hätte.

Als Gegengründe wider erwähnte unzulässige Theorie mögen folgende Bemerkungen dienen. Ich schließe: entweder geht die Bildung der Perle mit dem Eyerchen durch eine Ausdehnung von den innern Bestandtheilen des Eyerchens vor sich, oder durch Ueberziehung des Eyerchens von der schleimichten Feuchtigkeit der Schnecke, welche überhaupt als Grundstoff der Perle angegeben wird. Keines findet statt.

E Sollte

Sollte die Bildung der Perle durch Ausdehnung der innern Bestandtheile des Eyerchens vor sich gehen, so müßte in der Muschel wiederum eine Schnecke, und keine Perle entstehen. Sollte aber die Bildung der Perle durch Ueberziehung des Eyerchens von der schleimichten Feuchtigkeit der Schnecke geschehen, dann würde niemals eine helle Perle entstehen, indem die Bestandtheile des Eyerchens oder das Eyerchen selbst, heterogene Theile unter der glänzenden, halbdurchsichtigen Feuchtigkeit der Schnecke wären.

Es scheint nun, daß Herr Valentiny einer fremden, vorgeblichen Erfahrung ganz unverdienten Glauben beygemessen, und nicht von sich ablehnt, was ihm Herr Tramer in seiner Einleitung zu seinem Regenfuß zur Last legt, nämlich daß er hie und da sehr abergläubisch, und eben dieser Ursache wegen nicht zuverläßig genug sey.

Eine

Eine andere, neuere Theorie über den Ursprung der Perlen ist jene des Herrn Gißler, welche in den Abh. der Schwed. Akad. 24 B. S. 77. zu finden ist, wo es heißt: daß eine Perle nichts anders sey, dann ein in dem untern Theile der Muschel angefangenes, und mit derselben schalenartigen Natur übereinstimmendes, rundes, ganz reines und klares Perlenmutterstücke, das von der Lebensbewegung des Thieres, zugleich mit den feinen fäserchen zur glänzenden Schale zwischen die Schichten der lebendigen Schalhaut getrieben wird, und unterwegs schichtenweise jährlichen Zuwachs erhält, bis es an eben der Schalhaut äußersten Rand stehen bleibt, oder unter seinem Fortgang von einem Scheibchen der Schalhaut zurückgehalten wird, und mit ihm an die Schale fest wächst.

Man muß gestehen, daß diese Theorie sehr dunkel und undeutlich aussieht. Es ist zwar allerdings wahr, daß die erste Perlenanlage, und so auch alle übrige Schichten der Perle, mit der innern Perlenmutterschale Aehnlichkeit, oder wohl gar gleichen Grundstoff haben. Daß aber, wie Herr Gißler sagt, die Perlen schichtenweise jährlichen Zuwachs erhalten, dürfte man fragen, woher weis Herr Gißler, daß dieses jährlich geschieht?

Wie endlich eine Perle in seinem vorgeblichen Gange vom untern Theile der Muschel an bis zum obern Rande der Muschel während seinem Fortgange von einem Scheibchen der Schalhaut zurückgetrieben werden, oder mit demselben an die Schale anwachsen soll, läßt sich ebenfalls hart begreifen. Ich kenne in der Perlenmuschel kein Scheibchen, außer von der gesplitterten Perlenmutterschale. Sollte es aber auch ein solches Scheibchen der Schalhaut wirklich geben, und dasselbe mit der unausgewachsenen Perle an die Perlenmutterschale anwachsen, so würde eine solche Perle unbrauchbar seyn, indem sie sich nicht ohne Verletzung von der Perlenmutterschale ablösen läßt.

Eine dritte, mehr auffallende Theorie über den Ursprung der Perlen ist jene des berühmten Herrn Pastor Chemnitz.

Nach dieser Thiere *) sind die Perlen nichts anders, dann ein Verwahrungmittel gegen die Anfälle der Muschelfeinde, und Heilpflaster, wenn die Schale tödtlich verwundet ist.

Herr Schröter (in seiner Geschichte der Flußconchylien S. 175.) scheint vor allen Theorien über die Entstehung der Perlen für die Theorie des Herrn Chemnitz eingenommen zu seyn. Allein ich muß bekennen, daß mir bemelte Theorie sehr ungenügsam, und nicht aus Erfahrung hergehollt zu seyn scheint. Es ist gar nicht ungereimt zu glauben, schreibt Herr Schrötter S. 175, daß die Perlen im Fall der Noth gemacht seyen, und daß das Thier eine oder mehrere Perlen vorräthig haben könne, die es sogleich auf den Ort hinlegen kann, wo

---

*) Siehe Beschäftigungen der Gesellschaft Naturforschender Freunde 1. B. S. 544.

wo die Verwundung geschehen ist. Ich denke aber, es komme über die Frage, wie eine Perle entsteht, nicht auf Muthmassung, Wahrscheinlichkeit oder Glauben, sondern lediglich auf Erfahrung und Beweise an.

Wenn nun aber die Perlen Verwahrungsmitteln der Muschel oder Schnecke wider ihre Feinde seyn sollten, so müßte wahrhaftig die ganze Muschel von beeden Seiten, die Länge und die Queer mit lauter Perlen versehen seyn, weil die äußern Feinde, die Pholaden, Bohrwürmer, Muschelbohrer, der Muschel von allen Seiten schädlich seyn können, und wie der Augenschein giebt, auch wirklich sind, indem die Perlenmuscheln der Flüsse sowohl als der See gemeiniglich auf allen Seiten angegriffen, zernagt, und hie und da gar durchbohrt sind.

Sollten ferner die Perlen Heilpflaster seyn, wenn die Schale tödtlich verwundet ist, so dürfte man fragen, was bestimmt Herr Chemnitz für eine gewöhnliche Lage der Perlen, um dieselben

selben im Verwundungsfalle so plötzlich auf den Ort der verwundeten Schale zu legen? und endlich, was kann wohl die harte Perle für ein Heilpflaster für die verwundete Schale seyn? soll eine Perle die Wunde heilen oder nur zudecken? Was macht die Schnecke, wenn ihre Muschel an beeden Seiten, an mehrern Orten zugleich Verwundung leidet, und nur eine einzige Perle in der Muschel vorräthig ist? Was hat die Schnecke für eine Schutzwehre wider ihre Feinde, wenn keine Perle in der Muschel ist, oder was hat sie in solchem Falle für ein Heilpflaster für die verwundete Schale?

Wer alle diese Fragen nach der Theorie des Herrn Pastor Chemnitz auflösen kann, mag dieselbe annehmen.

## Drittes Kapitel.
### Besondere Meynung vom Ursprunge der Perlen.

Daß die Perlen nicht in dem natürlichen, ruhigen Zustande der Perlenschnecken in den

Mu=

Muscheln erzeugt werden, sondern durch Verwundung der Muschelfeinde (der Pholaden nämlich bey den Seemuscheln, und der Wasserwürmer bey den Flußmuscheln) entstehen, und überhaupt die Perlen im leidenden Zustande der Perlenschnecke ihren Ursprung erhalten, ist, wie ich dafür halte, außer allen Zweifel.

Dieser Meynung sind überhaupt, wie ich bemerke, die französischen Conchyliologen, und unter andern vorzüglich Reaumur und Geoffroi der jüngere, indem sie schreiben: daß der Grundstoff der Perlen nichts anders sey, als ein kalkigter, ausgetrettener Saft der Perlenschnecke (un suc pierreux, épanché de l'animal.) welcher nothwendig eine Verletzung, eine Verwundung der Saftröhrer der Perlenschnecke voraussetzt.

Zieht man ferner die Erfahrung zu Rath, so zeigt sich an unsern Fluß Perlenmuscheln, daß die perlentragenden Muscheln meistens durchbohrt sind, so daß sich nicht anders schließen läßt,

läßt, als daß eine solche Perlenschnecke Verwundung gelitten, und die Erzeugung der Perlen davon herrühre. Eben diese Beobachtung hat auch schon Herr Statius Müller gemacht, wie im 6ten Bande des erklärten Linneischen Natursystems. S. 222. zu lesen ist *).

Die Acta nova physico‑medica Academiæ cæsareæ Leopoldino‑Carolinæ. Norimb. 1791. Tom. 8. wollen bemelte Theorie durchaus nicht gelten lassen, und berichten. S. 172. dagegen also: reperiuntur margaritæ in Myis eiusmodi Vermium insultus non exhibentibus, saltem iis in partibus, ubi margaritæ se ostendere solent; et vice versa, se exhibentibus, ubi margaritæ nunquam se produnt.

Nun aber dünkt mich diese ganze Einwendung sehr ungründlich und unbedeutend zu seyn.

Er‑

---

*) Man vergleiche hiemit Hasselquists Reisen und Bemerkungen. S. 444. ferner, Spectacle de la nature. à Paris. an. 1752. Tom. I. p. 250.

Erstens ist es falsch, daß sich unter tausend ausgewachsenen Muscheln, oder unter Muscheln von mitterer Wachsthumsgröße, nur eine einzige finden läßt, welche entweder nicht verletzt, angefressen, zernagt, oder gar durchbohrt ist.

Daß man ferner Muscheln findet, welche von Wasserwürmern verletzt sind, und dennoch keine Perlen tragen, ist ein Satz, den ich ebenfalls behaupte. Es giebt wirklich nur zu viele Muscheln, welche allenthalben, und an hundert Plätzchen verletzt sind, und dennoch keine Perlen in sich finden lassen. Es kommt nämlich, wenn in einer Muschel eine Perle entstehen soll, nicht auf die Anzahl, sondern auf die Art der Verwundungen an. So lange die Wasserwürmer nur auf der Oberfläche der Muschelschalen graben, und nagen, wird ewig keine Perle in der Muschel entstehen, weil die Perlenschnecke, wenn auch ihre äußere, schilfrichte Schale leidet, noch keine Verwundung fühlet, und ihre innere Perlenmutterschale immer noch zur Schutzwehre hat. Wenn aber die Würmer eine Mu=

schel

schel ganz durchbohren, und die Perlenschnecke an ihren Saftröhren, Häuten, und Adern verletzt wird, dann muß der Saft aus den Gefäßen des Thiers tretten, und Grundstoff zu einer Perle hervorkommen.

Daß endlich, wie bemelte Acta nova einwenden, die Perlen nicht eben an dem Plätzchen anzutreffen sind, wo die Muschel durchbohrt ist, ist die Ursache, weil die Perlen durch die Bewegung der Perienschnecke von ihrem kleinsten Punkte an nach und nach dorthin getrieben werden, wo denselben die Natur ihre Lage zur Reife oder vollkommenen Ausbildung angewiesen hat, nämlich am obern Ende der Muschel (in Extremitate Conchæ), wo der eigentliche Wohnsitz der Perlen ist.

Eben so leicht, dünkt mich, lassen sich alle Einwendungen heben, welche man gegen oben angegebene besondere Theorie über die Perlenzeugung aufs Tapet bringen mag. Ja ich gerathe so gar auf die Versuchung zu behaupten,

daß

daß bemelte Theorie dem großen nordischen Naturkündiger, Ritter von Linné, nicht fremd gewesen sey, da er auf die Erfindung gerathen, die Perlenmuscheln dergestalt zu behandeln, daß sie in kürzerer Zeit, dann nach Natur, Perlen zeugten.

## Viertes Kapitel.
### Von den Haupteigenschaften guter Perlen.

Von den Vollkommenheiten, welche gute Perlen an sich haben sollen, schreibt Plinius in seiner Hist. nat. Lib. XI. 33. also, margaritarum dos in candore, magnitudine, orbe, lævore, pondere. Die schönsten Perlen nennt Plinius uniones exaluminatos, d. i. jene Perlen, welche nebst ihrer vollkommnen Runde, und weisser Farbe, hellglänzend, und wie Alann, halb durchsichtig sind. Die Juwelierer sagen, eine schöne, weisse, runde Perle müsse helles Wasser (une belle eau) oder einen sogenannten Fluß haben.

Allein

Allein die wenigſten Perlen haben alle Haupt-
eigenſchaften einer guten Perle in ſich vereint.
Was die Form und Figur der Perlen belangt,
ſo ſind ſie entweder ganz, oder faſt ganz rund,
auch ſchief, und nicht vollkommen rund, manchmal wie eine Birne oder Olive geformet. Einige Perlen ſind auf einer Seite flach und glatt,
auf der andern Seite gewölbt oder Rund, daher ſie Tympana margaritæ genennt werden.
Andere ſind unten dick und oben zugeſpitzt, welche unter den Namen, uniones facie turbina-
ta, Elenchi, vorkommen. Einige Perlen haben Hübeln, Runzeln oder Falten, andere ſind
glatt, und von Natur poliert, wie die Edel-
geſteine durch die Kunſt.

Auf gleiche Weiſe unterſcheiden ſich die Perlen von einander an der Farbe. Die Perlen
ſind nämlich von verſchiedenen Farben. Einige ſind weiß, andere gelblicht, auch bleyfärbig.
Tavernier ſchreibt ſo gar im II. Th. ſeiner Rei-
ſe nach Oſtindien S. 138, daß du Jardin.
ein berühmter Juwelierer, bey ſeiner Zurückkunft

von

von Carguaison in einem spanischen Kriegsschiffe sechs vollkommen runde, schwarze Perlen, wie Gagat, zu sehen bekommen habe.

Indessen ist die weisse Farbe die eigentliche, natürliche Farbe der Perlen, und sind die indianischen, und arabischen Perlen meistens von weisser Farbe.

So wie sich nun die Perlen an ihrer Gestalt und Farbe unterscheiden, eben so unterscheidet man sie auch an Ihrer Größe, und Gewicht, wovon noch mehrers wird erwähnt werden.

## Fünftes Kapitel.
### Von orientalischen Perlen.

Unter die orientalischen Perlen zählt man vorzüglich die indianischen, persischen, und arabischen Perlen.

Die

Die indianischen oder ostindischen Perlen, wozu auch die Perlen aus den Inseln des indischen Meeres, als: der Insel Ceylon, der maldivischen, philippinischen, japponesischen, und chinesischen Inseln gerechnet werden, zeichnen sich vor den westindischen oder amerikanischen Perlen, besonders an Größe, weisser Farbe, und klaren Fluße aus.

Die Perlen von Manar, einer Insel am indianischen Meere an der westlichen Küste der Insel Ceylon; die Perlen von Tutukory, einer Halbinsel Indiens diesseits des Ganges, sind wegen ihrer vollkommenen Runde, und schönen, hellen Glanze sonderheitlich berühmt in Orient.

Die häufigsten Perlen aber, welche in Indien gemeiniglich verkauft werden, sind die Perlen von Bahren (einer Insel am persischen Meerbusen) und Catifa (einer Seestadt des glückseligen Arabiens). Diese Perlen haben einen hellen, und dauerhaften Glanze, sie scheinen aber etwas gelblicht, und werden deßhalb in ganz

Orient

Orient nicht weniger geschätzt, als die Perlen von Manar. Man hält die etwas gelblichte Naturfarbe dieser Perlen für ein Kennzeichen ihrer vollkommenen Reife oder Zeitigung, und bemerkt, daß sie ihre Farbe niemals ändern; dahingegen die weissen Perlen, wenn man sie vielfältig trägt, besonders in warmen Ländern durch die Hitze des Clima, und den Schweise derer, so sie tragen, nach etwelch dreyßig Jahren ihre weisse Farbe verlieren, und in ein unangenehmes Gelbe verfallen; nach achzig und hundert Jhren aber fast von keinem Ansehen und Werth mehr sind.

Unter den arabischen Perlen zeichnen sich die Perlen von Ormus und Maskate nicht nur vor den Perlen zu Catifa und Elcatif (zwey Seestädten besagten Arabiens) sondern, wie Tavernier, dieser große Juwelnkenner, behauptet, vor allen orientalischen Perlen aus, und werden für die schönsten Perlen in der Welt gehalten, nicht so fast wegen ihrer Größe, als wegen ihren durchscheinenden, lebhaften, außerordentlichen Glanze. Was

Was die japponesischen Perlen belangt, giebt es deren zwar schöne, helle, und sehr grosse Perlen, deren einige auch von röthlichter Farbe sind; aber diese Perlen sind, was zu bedauern ist, großen Theils eckicht. Auch findet man in Orient wenige Perlen aus Jappon zum Verkaufe, weil die Japponeser die Edelgesteine wenig schätzen, und sich überhaupt um Kleinodien nichts bekümmern. —

## Sechstes Kapitel.
### Von occidentalischen Perlen.

Unter den occidentalischen Perlen verstehen die Conchyliologen eigentlich die westindischen, oder amerikanischen Perlen. Diese Perlen haben meistens nicht die Größe, die Weiße, und den reinen Fluß der orientalischen Perlen, sondern sind großen Theils etwas bleyfärbig, doch nicht ohne allen Glanze, und sonderlich vom guten Gewichte, so daß sie die orientalischen Perlen in dieser Vollkommenheit weit übertreffen, darum

um sie auch in großer Menge nach Orient ge‒
bracht, und verkauft werden.

Die schönsten occidentalischen Perlen sind die
Perlen aus der Margariten-Insel, welche auch
deßwegen der Perlen Eyland heißt. Diese Per‒
len übertreffen die Perlen von Comogota, von
Ste. Martha und Cubagua, theils schon an gu‒
ter Gestalt, noch weit mehr aber an hellem
Flusse, und Gewicht.

Die Perlen in der Insel Cubagua, welche
sich da in großer Menge finden lassen, haben
unter den occidentalischen Perlen in Anbetracht
ihres Gewichts etwas besonderes, indem sie sel‒
ten über fünf Karate wägen, da entgegen an‒
dere occidentalische Perlen manchmal zu dreyßig,
vierzig, und noch mehrere Karate wägen, der‒
gleichen Tavernier auf seiner Reise nach Indien
im Jahre 1675 eine Perlev von fünf und fünf‒
zig Karate dem Cha-Est-Kan, des damaligen
Großmogols Oheim, verkauft hat.

Die

Die Ursache, warum die Perlen in Amerika überhaupt nicht weiß genug, sondern bleyfärbig, zuweilen auch braun, schwärzlicht, und nicht von einerley Farbe sind, wollen einige Naturforscher und Reisebeschreiber vom Grund der See herhollen, welcher in Occident weit sumpfichter, und die See schäumiger, und trüber ist, als in Orient.

## Siebentes Kapitel.
### Von Europäischen Perlen.

Unter den Europäischen Perlen sind vorzüglich berühmt die Liefländischen, die Finnländischen am Finnischen Meerbusen, die Perlen aus den Flüssen von Lappland; ferner die Schottländischen, Baierischen, und Vogtländischen Perlen. Es sind zwar die Europäischen Perlen großen Theils vielfärbig (multicolores) doch findet man nicht selten Perlen von zimlicher Weisse, und von so guten Fluße und Gewichte, daß sie den Indianischen Perlen nichts nachgeben, und dieselben an Gewichte, an lebhaften, und dauerhaften Glanze wohl gar übertreffen. Es werden sich viele wundern, daß man aus Europa Perlen bis in Orient bringt, und die Könige und grossen Herren in Asien die Europäischen Perlen theurer bezahlen, als man nicht in Europa thut. Es dürfte daher manchem Europäer zimlich begreiflich werden, was uns Herr Schrötter in seiner Geschichte der Fluß Conchylien berichtet, da er S. 176. also schreibt „Vorurtheile machen es, daß man die Judianischen Perlen den unsrigen immer vorzieht, und diese nicht so theuer bezahlen will, als jene. Es ist Vorurtheil, daß wir immer den entfernten Sachen einen größern Werth beylegen, als den unsrigen; und ich wette darauf, daß unter den fremden Perlen, die wir so theuer bezahlen müssen, manche liege, die in unsern Flüssen gefunden worden; und Tavernier, dieser große Juwelnkenner, versichert, daß einige ausgesuchte Stücke baierischer Perlen wohl auf tausend Thaler zu schätzen wären." Wer von den Europäischen, und besonders deutschen Perlen etwas

was mehrers nachzulesen beliebt, lese Volkamer's Abhandlung de veris et perfectis Margaritis in Germania inventis, welche in den Eph. nat. Curios. Dec. I. an. 2. Obs. 228. p. 329. zu finden ist.

## Achtes Kapitel.
### Von Herzogthumbaierischen Perlen.

Von den Perlen in Unterbaiern schreibt Malak. Geiger in seiner Margaritologie. S. 48. also: Margaritæ orientales lumine sincero illustres dicuntur, occidentalibus vero tristis quædam et nebulosa finceritas inest; bavaricæ subinde orientalibus, subinde occidentalibus æquales sunt.

Die baierischen Perlen sind, wie alle Europäischen Perlen, gemeiniglich nur von der Größe einer Erbse oder Coffeebohne; sie lassen sich aber großen Theils kleiner, und zuweilen auch größer finden. Perlen von der Größe einer star-

starken Weinbeere, oder der Schwalbeneye sind schon öfter, besonders in den Muscheln der Ils, gefunden, und zur Zeit der Passauer Fehde, wo die Perlenmuscheln bey Gelegenheit zimlich hergenommen worden, manches ausgesuchte Stücke für hundert Thaler verkauft worden.

Die Nürnberger haben Maximilian, dem Ersten, zwey auserlesene baierische Perlen um hohen Preis angebotten, auf welche entgegen fünfhundert Reichsthaler sind geschlagen worden.

Wilhelm Weinmann berichtet uns in den Preßlauer Naturgeschichten vom Jahre 1725, daß damals manches Stück baierischer Perlen um fünfzig Gulden verkauft worden; denn diese Perlen sind, heißt es S. 70. oft von solcher Schönheit, daß sie den Orientalischen nichts nachgeben. Es dürfte sich daher der Mühe lohnen, in den baierischen Perlenwässern, deren Produkte in Verfall zu kommen scheinen, eine Perlenkultur vorzunehmen, und die Perlenfischereyen am Regen, an der Ils, an der

Oho,

Oho, und mehr dann siebenzig andern Perlenwässern weit ansehnlicher zu machen, als im Vogtlande, wo seit etlich zwanzig Jahren die Perlenfischerey an der Elster nach dem Bericht des Herrn Hofmedikus Taubé mit großem Vortheil getrieben wird.

## Neuntes Kapitel.
### Von den größten und berühmtesten Perlen.

Der Sophi oder König von Persien kaufte im Jahre 1633 von einem Araber, welcher eben von der Perlenfischerey zu Catifa zurückkam, eine Perle, welche ihn 32000 Tomans gekostet, die eine Summe von 1400000 Franken ausmachen. Diese Perle, welche ganz birnförmig ist, hat im Durchschnitt eine starke Zoll, und in die Länge $1\frac{1}{2}$ Zoll. Sie ist im II. Th. der Reisebesch. des Ritters von Tavernier S. 141. abgezeichnet.

Eine

Eine Perle, welche ganz eyförmig ist, und Tavernier auf seinen Reisen am Hofe des Grosmogols gesehen, hat eine Zoll in die Länge, und $\frac{2}{3}$ Zoll in die Breite. Diese Perle hanget an dem Halse eines Pfauen von Edelgesteinen formiert, und kommt ihm auf den Magen, da der Pfau oben in Mitte des großen Throns des Mogols hervorragt.

Eine große, schöne Perle, wie eine Olive geformt, welche einen starken halben Zoll im Durchmesser, und $1\frac{1}{4}$ Zoll in die Länge hat, hat ebenfalls Tavernier im Pallaste des Mogols gesehen. Diese Perle pranget in Mitte einer Kette von Schmaragden und Rubinen, welche der Mogol bey Festinen an seinem Halse tragt.

Ferner berichtet uns Tavernier S. 103, daß ihm der Emir von Vodana in Ormus eine ganz runde, und durchscheinende Perle sehen ließ, welche an Gewicht 17 Abbas, d. i. 14 Karate und 7 Octaven hielt. Tavernier schlug auf

auf diese Perle im Name des Gouverneur von Surate in Ostindien 60000 Roupies, d. i. 30000 Piastres; aber er erhielt sie nicht um diesen Preis, indem man ihn versicherte, daß schon viele asiatische Fürsten weit mehrers dafür gebotten.

Philipp der Zweyte, König in Spanien, erhielt im Jahre 1579 eine Perle von der Größe eines Taubeney, welche auf 14400 Dukaten geschätzt wurde. *) Man verglich diese Perle jener der Kleopatra, welche Plinius auf 24000 Pfunde Sterling's geschätzt hat.

Kaiser Rudolph hatte eine Perle von der Größe einer Muskatnuß, welche, wie Boetius berichtet, 30 Karate wog, und die Nämen, la Pelegrina, l'incomparable, erhielt.

Im kaiserl. Cabinet zu Wien liegt eine mehr als handlange Perlenmuschel, darin eine Perle sitzt,

---

*) Siehe Encyc. des sciences etc. Tom. XII. S. 383.

sitzt, die mehr als einen Zoll im Durchmesser hat. Diese Perle, welche gewiß eine der größten ist, so man bisher entdeckt hat, würde unschätzbar seyn, wenn sie alle von Plinius angeführte Eigenschaften einer guten Perle an sich hätte. Allein es fehlt derselben schon an der vollkommnen Runde, und wird von Herrn Hofrath von Born als Margarita subovata beschrieben, wie uns Herr Pastor Chemnitz in seiner Fortsetzung des Martinischen, neuen Conchyliencabinets. 8. B. S. 129. berichtet.

## Zehntes Kapitel.
### Von dem Werthe guter Perlen.

Perlen, welche einen vorzüglichen Werth haben, müssen schön rund, glänzend, und halb durchsichtig (uniones exaluminati) seyn. Perlen, welche nicht vollkommen rund, sondern birn= oder olivenförmig sind, werden ein Drittheil geringer verkauft, dann vollkommen runde Perlen.

Die

Die Perlen werden in Europa durchgängig nach dem Gewichte der Karaten (eine Karate zu vier Grane gerechnet) verkauft. Den Werth schöner, runder, heller Perlen bestimmt das Dictionnaire de Commerce *) von fünf bis zehn Karaten nach französischer Münze also: Eine Perle von

| | | | |
|---|---|---|---|
| 5 Karaten gilt — | 37 Livres | 10 Sols. |
| 6 — | — 82 | — 10 — |
| 7 — | — 150 | — — |
| 8 — | — 225 | — — |
| 9 — | — 262 | — — |
| 10 — | — 300 | — — |

Die kleinern oder Staubperlen (semences de perles) welche nicht eine Grane wägen, werden nach dem Unzengewichte verkauft, und gilt eine Unze von

| | | |
|---|---|---|
| 500 Perlen — | 3 Livres. |
| 300 — | — 6 — |
| 150 — | — 11 — |
| 100 — | — 18 — |
| 60 — | — 33 — |
| 30 — | — 75 — |

*) Siehe Encyc. des sciences etc. S. 385.

## Eilftes Kapitel.
### Von falschen Perlen.

Die Perlen künstlich nachzumachen, haben sich in den vorigen Zeiten besonders die Portugiesen und Venetianer befließen. Pulverisierte Perlenmutter durch Vermischung mit Eyerweiß oder Fleischleim (Sarcocolle) eine Art Gummi, zu Kügelchen gemacht, war glaublich der erste Versuch falsche Perlen zu machen. Nach diesem kamen die Venetianer auf den Einfall die Perlen aus Glas zu machen, und denselben vermittels einer Tinktur von Quecksilber Perlen Glanz zu geben. Endlich formierte man Perlen von Wachskügelchen, welche man mit feinen und glänzenden Mundleim (Colle de poisson) überzog, und perlenartig machte. Indessen sind die Franzosen in den letztern Zeiten in der Kunst falsche Perlen zu machen noch weiter gekommen, dann die Venetianer.

Ein gewisser Franzose, Janin mit Name, hat eine Methode erfunden künstliche Perlen zu ma=

machen, welche die Venetianerperlen an ächten Perlenglanze und Dauerhaftigkeit weit übertreffen. Die Art und Weise bemelte Perlen zu machen, ist folgende: Man zerstoßt, und pulverisiert in einem Mörsig, mit etwas Wasser darein, die Schuppen eines kleinen Fisches, welchen die Franzosen le balbe heissen, und im Fluß Marne in Champagne sich aufhaltet. Die Schuppen dieses Fisches haben nicht nur den natürlichen Glanz wahrer Perlen, sondern verlieren auch denselben nicht, wenn sie zu einem feinen Taich zerstossen werden, und glänzen wiederum, wie vorher, wenn sie trocken sind. Von diesem Taich oder Sulze (Talcocolle de poisson) läßt man in ein Glasröhrchen, welches oben und unten eine Oeffnung hat, unten aber spitzig ist, so viel hinein, als nöthig ist, um davon eine Glasperle, oder eine Perle von Girasol (eine Art von Opal, oder Glas, welches zimlich perlenfärbig ist) zu füllen. Wenn nun die Perlen trocken sind, werden sie ungemein glänzend, und man hat ferner nichts zu thun, als die Oeffnung der Perle mit weichen, weissen Wachs

Wachs zu verstopfen, das überflüßige Wachs am Rande hinweg zu nehmen, die Perle mit einer Stecknadel durchzustechen, eine Schnur durchzuziehen, und eine Tour oder Collier daraus zu machen.

Eine andere Art künstliche Perlen zu machen, oder vielmehr aus falschen Perlen ächte Perlen zu machen, sollen, wie uns Herr Grill *) benachrichtet, die Chineser erfunden haben, indem sie aus Perlenmutter Kügelchen drehen, an eine Schnur hangen, und dieselbe, wenn die Perlenmuscheln über die Oberfläche des Wassers kommen, in die Muscheln werfen, wo sodann nach einiger Zeit diese Perlenmutterkügelchen wahre Perlenart erhalten. Indessen halte ich dafür, daß diese Nachricht noch weitere Bestätigung bedarf.

Zwölf-

---
*) Abh. der königl. Schwed. Akad. 24. B. S. 88.

## Zwölftes Kapitel.
### Von der Perlenpolitur, und Auflösung der Perlen.

Die Perlen verändern sich durch das Alter nicht nur ihre Farbe, sondern verlieren auch an Glanze, und Gewicht, so daß einer alten, abgetragenen Perle auf keine Weise mehr geholfen werden kann. Hingegen lassen sich Perlen, welche eben oder unlängst aus den Muscheln sind genommen worden, und etwa trübe, gelblicht, oder sonst von Krankheiten und Fäulniß des Muschelthiers etwas entfärbt sind, reiner, heller, weisser und glänzender machen, wenn man die feine obere Schichte einer Perlenmutterschale klein stoßt, und pulverisiert, alsdann erwähnte Perlen in einem Stück Leinwand, mit Perlenmutterpulver besprengt, an die Sonne legt, und sie öfter mit frischen Quellwasser anfeuchtet. Auch wollen einige mit Auerhoes behaupten, daß die Perlen überhaupt reiner und heller werden, wenn man sie den Tauben oder Enten in die Kröpfe steckt, und diese sogleich tödtet,

tödtet, wenn man bemerkt, daß sie die Perlen verschluckt, und in den Magen aufgenommen haben.

Um den Perlen hellern und dauerhaftern Glanze zu geben, reiben die Indianer die Perlen mit einer Art von Reis, welchen sie vorher zu feinem Mehl zerstoßen. In Böhmen, wie Malak. Geiger schreibt, nehmen die Perlenfischer die aus den Muscheln gehobene Perlen plötzlich in den Mund, und reinigen dieselben mit dem Speichel, wo sie dann dauerhaftern Glanze erhalten sollen.

Wenn die Perlen, wie nicht selten geschieht, Makeln an sich haben, so wissen die Juwelierer die Makeln sammt den Schichten der Perle geschickt abzunehmen, und die Perlen makellos zu machen. Bevor man aber eine solche Operation mit den Perlen vornimmt, muß man sehen, ob die Makel in den innern, oder äußern Schichten der Perle sey. Man hebt daher eine makelhafte Perle mit den äußersten Fingerspitzen

spitzen gegen das Sonnenlicht, und wenn man bemerkt, daß die Makel zu tief inner den Schichten der Perle ist, so legt man sie weg; ist aber die Makel nur in einer der äußern Schichten, so nimmt man eine, zwey oder drey solche Schichten, unter welchen nämlich die Makel ist, mit einem scharfen Messer geschickt ab, und die Operation ist vorüber.

Was die Auflösung der Perlen belangt, geht man gemeiniglich also zu Werke. Man wascht die Perlen im frischen Wasser, und legt sie dann in fein gesiebenem Citronensaft an die Sonne. Nach etwelch fünf oder sechs Tagen werden die Perlen weich und fließend, wie Honig. Um die Perlen weich, aber nicht fließend zu machen, bedient man sich eines guten Weineßig, in welchem die Perlen nach 24 Stunden zimlich locker werden.

## Dreyzehntes Kapitel.
### Vom Gebrauche der Perlen.

Man gebraucht die Perlen vorzüglich zu Verzierungen an Tabatieren, Uhren, Kelchen, Monstranzen, und hundert andern Kunstwerken, und Galanteriearbeiten. Nach diesem dienen die Perlen dem schönen Geschlechte zum Haupt- oder Haarschmucke, zu Braceleten und Ohrengehänge. Ferner machte man ehemals aus den Perlen verschiedene Tinkturen, blancs de perles, zur beliebten Schönfärberey oder Gesichtskultur der Damen. Endlich haben die Perlen, besonders die kleinen oder Staubperlen (semences de perles) auch einen Gebrauch in der Apotheke, wo man verschiedene Essenzen, und Herzstärkungen (potions Cordiales) daraus macht, auf welche man ehemals hoch hielt, nunmehro aber wenig Wesens und Gebrauch davon macht.

# Vierter Abschnitt.
## Von dem Perlenfang.

### Erstes Kapitel.
#### Von den berühmtesten Perlenfischereyen in Orient.

Eine der berühmtesten Perlenfischereyen in Ostindien ist jene bey der Insel Bahren oder Baharem im persischen Meerbusen. Diese ansehnliche Perlenfischerey gehörte vormals den Portugiesen an, als sie Meister von Ormus und Maskate waren; nunmehro aber steht sie unter dem König von Persien, seitdem derselbe mit Beyhülfe der Engelländer Ormus (eine Insel in Asien, wo der persische Meerbusen und das arabische Meer zusammenhangen) erobert, und die Araber Maskate (ein Fürstenthum im glückseligen Arabien) hinweggenommen haben.

Eine andere Perlenfischerey ist die an dem Strande des glückseligen Arabiens, von der Insel Bahren gegenüber, nahe an der Stadt Catifa, und gehört einem arabischen Fürsten an.

Die dritte Perlenfischerey ist die bey Manar, einem Meerhafen in der Insel Ceylon. Die Perlen, so hier gefischt werden, zeichnen sich von den Perlen zu Bahren vorzüglich an weisser Farbe aus.

Die vierte Perlenfischerey ist die an der japponesischen Küste, welche ehemals sehr unbedeutend war, indem die Japponeser die Perlen und Kleinodien wenig achten; sie fängt aber dermal dennoch an, wie die neuern Reisebeschreibungen melden, in Gange zu kommen, und vielleicht noch ansehnlich zu werden.

Was die kleinern Perlenfischereyen in Orient belangt, sind besonders die Perlenfischerey von Tutukory, welche den Holländern angehört, und die von Elcatif, welche unter dem Emir von Elcatif steht, vor den übrigen bekannt.

Zwey-

## Zweytes Kapitel.
### Von den berühmtesten Perlenfischereyen in Occident.

Die ansehnlichsten Perlenfischereyen in West-indien oder Amerika werden alle in dem großen mexicanischen Meerbusen nach der Länge des Strandes von Neu=Castilien (terra firma) gefunden, und sind fünf an der Zahl, als:

Erstens die Perlenfischerey längst der Insel Cubagua, fünf Meilen von Neu=Andalusien. Diese Insel ist, wie Tavenier berichtet, in ganz Orient berühmt, weil darin der größte Perlenfang geschieht, obwohl die Perlen nicht von besonderer Größe und Gewicht sind.

Zweytens, die Perlenfischerey an der Margariten= oder Perlen=Insel. Dieser Perlenfang ist der fürnehmste in Amerika, weil die Perlen, so man da fischet, die übrigen amerikanischen Perlen an Größe, und hellern Flüße (belle eau) weit übertreffen.

Drit=

Drittens, die Perlenfischerey von Como-gota, unweit der terra firma.

Viertens, die Perlenfischerey von dem Fluße de la Hacha, auch Rencheria genannt.

Fünftens, die Perlenfischerey von Ste. Martha, dreyßig Meilen vom Fluße de la Hacha. Es finden sich da vorzüglich Perlen vom schweren Gewichte.

Außer bemelten westindischen Perlenfischereyen ist in Occident noch sonderlich berühmt der Perlenfang nahe bey der Stadt Nipehoa, an einem großen See gleiches Namens, in der chinesischen Tartarey, welche gegen Westen an Rußland angränzet. Dieser Perlenfang gab Anlaß zu einem Kriege zwischen Rußland und den Chinesern, welcher sich gegen das Ende des vorigen Jahrhunderts mit folgender Convention geendet hat: daß nämlich die Perlenfischerey der See Nipechoa (welche fünfzehn Meilen in die Länge hat) zwischen beede Nationen getheilt wurde.

wurde, da vorhin jede die Herrschaft über die ganze See behaupten wollte.

Unter die Perlenfischereyen von Europa zählen Tavernier, und mehrere andere Reisebeschreiber *) meistens nur den Perlenfang an der Küste Schottlands, und die Perlenfischerey in den Flüssen Baierns. Indessen hatte doch Schweden vormals schöne Perlenfischereyen in Liefland (dermal an Rußland gehörig) und in mehrern Provinzen Nordlands, als: in Jemtland, Medelpad, Angermannland, welche aber durch Verwahrlosung, wie uns Herr Gißler berichtet, großen Theils wiederum zu Grunde gegangen sind. Heut zu Tage hat Schweden noch die Perlenfischerey am finnischen Meerbusen, und in einigen Flüssen Lapplands.

Endlich hat auch Vogtland von Adorf bis nahe an Plauen eine schöne Perlenfischerey in der Elster, und herrschen da gute Anstalten, wie uns Herr Hofmedikus Taubé berichtet, zum Fortgange des Perlenwesens.

Drit-

---
*) Siehe Encyc des Sciences &c. Tom. XII. S. 383.

## Drittes Kapitel.
### Verschiedene Arten der Perlenfischerey.

Die Art und Weise in Ostindien die Perlen zu fischen ist folgende: man bindet den Fischern oder Tauchern um die Mitte des Leibs ein Seil, von welchem die, so im Schiffe bleiben, das Ende halten. An dem einen Fuße haben die Fischer einen Stein von 12 bis 18 Pfunde hangen, um sich desto eher in die Tiefe zu senken. Ferner legt man den Fischern Baumwolle in die Ohren, giebt ihnen einen Schwamm mit Oel getränkt vor die Nase \*), windet denselben um die Hände eine Art lederner Handschuhe (mitaines de cuir) oder giebt ihnen gar eine Feile mit, um die an Steine und Klippen angewachsene Muscheln ohne Beschädigung, und desto leichter los zu reissen; auch hat jeder Fi-

scher

---

\*) Die Fischer, welche am mittelländischen Meere Perlen fangen, bedienen sich dermal statt des Schammen mit Oel getränkt, des berühmten Liqueur's welchen Corn. Drebelle erfunden, und die Eigenschaft hat, daß er den Tauchern auf etwelche Minuten die frische Luft ersetzt.

scher ein Netz, wie einen Sack, am Halse. Mit dieser Rüstung stürzen sich die Fischer manchmal zwölf Klafter tief in den Grund des Meeres, und wenn sie nun mehrere Muscheln in ihren Sack gesammelt haben, oder Athem holen wollen, so ziehen sie das Seil stark an, wo sie dann plötzlich von denen, welche im Schiffe sind, herauf gezogen werden, ihre Muscheln ausleeren, etwelche Minuten Luft schöpfen, und sich sodann wiederum in die Tiefe lassen, und diese mühselige Arbeit einen ganzen Tage lang fortsetzen, dabey sie noch sehr oft Gefahr laufen von grossen Meerfischen angefallen zu werden, wenn sie nicht bey Annäherung derselben das Wasser augenblicklich trübe machen, ihren Standort verändern, und das Seil anziehen. Allein ohngeachtet all dieser Vorsicht geschieht es doch nicht selten, wie uns Tavernier berichtet, daß die armen Perlenfischer eine unglückliche Beute verschlingender Meerabentheure werden.

Die von den Perlenfischern gesammelten Muscheln werden nun am Ufer des Meeres in

Sandgruben geworfen, und mit Sand zugedeckt, wo sich dann nach 12 oder 14 Tagen, da das Muschelthier in Fäulniß übergangen, die Muscheln öffnen, und die Perlen entweder schon aus den Muscheln gefallen, oder doch leicht herauszunehmen sind. Nach diesem nimmt man ein Sieb, sondert den Sand von den Perlen ab, und läßt die Perlen durch die Perlenscheide (eine Art Seicher aus Blech gemacht) passieren, welche in die Tiefe sechs bis acht Absätze hat, und wo sich die Perlen nach Proportion ihrer Größe in einem von bemelten Absätzen aufhalten oder durchfallen. Auf diese Art werden nun die größern, mittern und kleinern Perlen geschwind und sehr genau von einander abgesondert.

In Westindien oder Amerika geht man, wie folgt, also zu Werke die Perlen zu fischen: zur Zeit des Perlenfangs (wovon im nächsten Kapitel wird gehandelt werden) laufen zehn bis zwölf Schiffe unter Escorte eines Kriegsschiffes (Armadilla genannt) von Carthagena aus.

Jedes

Jedes Schiffe hat zween bis drey Sklaven, welche als Perlenfischer oder Taucher gebraucht werden. In eines von bemelten Schiffen (la Capitane genannt) müssen jeden Abend alle Muscheln, welche des Tags hindurch gesammelt worden, gebracht werden, damit dieselben in den übrigen Schiffen nicht abseit kommen. Uebrigens geschieht der Perlenfang in Westindien fast auf eben die Art, wie in Ostindien, außer daß die Amerikaner in Bänken oder Plätzen, wo die Spanier nicht fischen, eine besondere Oeffnungsart haben, und die Muscheln ins Feuer werfen, damit sie sich plötzlich öffnen.

Das Verfahren die Perlenmuscheln in untiefen Wässern zu fischen, ist keiner Schwierigkeit unterworfen, und besteht darinn, daß man sie mit den Händen oder Zehen langet. Wenn aber das Wasser drey bis fünf Ellen tief ist, fischet man die Muscheln am besten mit einer Zange auf einer Flösse, wovon uns Herr Gißler in den Abh. der Schwed. Akad. 24. B. S. 71. eine umständliche Beschreibung geliefert hat.

Vier

## Viertes Kapitel.
### Von den Zeiten des Perlenfangs.

Die Zeiten die Perlen zu fischen sind nach Verschiedenheit der Klimate und abwechselnder Jahrszeiten zerschiedener Weltgegenden nicht einerley. In den orientalischen Meeren wird das Jahr hindurch zweymal Perlenfang gehalten. Der erste Perlenfang geschieht in den Monaten März und April; der zweyte im August und Herbstmonat. Diese Perlenfischereyen aber werden nicht alle Jahre vorgenommen, und diejenigen, welche Perlenfang halten lassen, schicken vorhin an die Bänke, wo man fischen will, drey oder vier Barquen hin, deren jedes zur Probe einige tausend Muscheln holet, und wenn nicht unter jedem tausend Muscheln für fünf fanos (ein Halbthaler unserer Münze) Perlen sind, so fischet man dasselbe Jahr nicht. Ueberhaupt fischet man in den Jahren gern, wo es viel regnet, und gemeiniglich fällt der Perlenfang in solchen Jahren reichlich aus.

In Amerika pflegt man die Perlen an den Küsten zu fischen vom Monat October angefangen bis Monat März. Die Ursache, warum die Amerikaner mit Schweden, und Deutschland entgegen gesetzte Zeit zum Perlenfang haben, ist, wie leicht zu erachten, keine andere, als weil Amerika das feste Land der halben Erdkugel, die uns entgegen steht, in sich begreift, und vom November bis März, (während unsere kalten oder Wintermonate sind), in Amerika die wärmste Jahrszeit ist, und folglich das Wasser zum Perlenfischen auch am wärmsten, und den Tauchern am erträglichsten seyn muß.

In Schweden, Deutschland, und so auch in unsern baierischen Perlenwässern richtete man sich bisher mit dem Perlenfang ebenfalls meistens nach den wärmsten Jahrszeiten, welche den Perlenfischern die erwünschtesten sind, weil ihnen in Mitte des Sommers das Wasser am erträglichsten ist.

Indeß

Indessen sind die wärmsten Jahrszeiten gewiß nicht die natürliche und ordentliche Zeit zum Perlenfange, und gereichen die Perlenfischereyen in Mitte des Sommers unstreitig zum Ruin der Perlenmuscheln, und Nachtheil ihrer Fortpflanzung. Die wärmsten Jahrszeiten, wie schon oben unter dem Kapitel von der Heckzeit der Perlenschnecken erwähnt worden, sind eben der Zeitpunkt, wo die Perlenmuscheln sich paaren, und hecken. Werden nun die Perlenmuschen eben zur Heckzeit aus dem Wasser gehoben, und gewaltsam geöffnet, so erhellet von sich selbst, daß diese widernatürliche Behandlung der Fortpflanzung der Perlenmuscheln schnurgerade entgegen sey. Was aus so unzeitigen Perlenfischereyen für böse Folgen zu verschiedenen Krankheiten und Abnehmen der Perlenschnecken, vorzüglich aber zum Nachtheil der Perlen=Regalen entstehen, lasse ich denen zur Einsicht übrig, welche nähere Kenntniß der Perlenmuschel haben.

Ich wollte allenfalls zugeben, daß man in der See und tiefen Flüssen etwa zu Sommeranfangs Perlenfang halten möchte, weil doch das Wasser in den übrigen Jahrszeiten fast nicht von gemäßigter Kälte ist, und den Perlenfischern, welche sich in die Tiefe lassen müssen, zu viel Frost und Erkältung verursachet. Allein in untiefen Flüssen, in Bächen, und seichten Perlenquellen, wo man die Muscheln mit den Händen oder Zehen herausholen kann, dürfte man die besten und natürlichsten Zeiten zum Perlenfang wählen; dergleichen Zeiten in unsern Baiern wären, von Mitte des May bis Ende Juny, und von Herbstmonatsanfang bis Mitte October. Früher und später ist der Perlenfang in unserm Lande immer unzeitig; denn wollte man in den Monaten März, April und Anfangs May Perlenfang halten, so fällt der Perlenfang in die Gebährzeit der Perlenschnecken ein. Hielte man in den Monaten Julius und August Perlenfang, so fällt derselbe in die Heckzeit der Muscheln ein. Wollte man aber in den kalten oder Wintermonaten, als: vom November bis Ende Hornung

nung Perlen fischen, so würde schon die Kälte des Wassers eine Hinderniß der Perlenfischerey seyn, noch weit mehr aber die Lage der Muscheln selbst, welche in kalten Jahrszeiten nicht mehr am Grunde des Wassers zu ersehen sind, sondern sich tief in den Sand eingraben, um sich vor Kälte und Gefrier zu schützen.

Daß man in unsern baierischen Perlenwässern nur alle Sechs Jahre Perlenfang hält, halte ich aus mehrern Gründe für gut. Man würde aber einen merklichen Vortheil ziehen, wenn man die Muscheln unter bemelten sechs Jahren auch einzeln fischen, und auf die Muscheln, welche am tiefsten liegen, ein besonders Augenmerk nehmen wollte. Darum weil man die Muscheln nicht einzeln fischet, gehen die größten und schönsten Perlen verloren, und verfallen in den Grund des Wassers. Wer über das Verhältniß einer ausgewachsenen Perle (besonders größerer Art) mit der Schnecke und Muschel etwas nachdenken will, dem wird es nicht schwer fallen, die Ursache davon zu errathen.

Fünf-

## Fünftes Kapitel.
### Von der Perlenzeitigung, und den äußern Kennzeichen derselben.

Dieser Artikel, welcher einer der wichtigsten in der Conchyliologie der Perlenmuschel ist, verdiente seines weiten Umfangs wegen eher durch eine eigene Abhandlung bearbeitet, als in einem einzelnen Kapitel erörtert zu werden. Alles, was sowohl die neuern als ältern Conchyliologen über die Perlenzeitigung und Kennzeichen derselben geschrieben haben, ist mehr unrichtig als zuverläßig, mehr Zerrüttung, als Aufklärung, so daß ich wirklich Mühe finde, mich aus dem Cahos loszuwinden, und über die Perlenzeitigung in dem engen Raum eines Kapitels hellere Aufschlüsse zu geben. Ich halte es für nöthig, etwelche Fragen vorauszusetzen, dieselben zu beantworten, und sodann über das Ganze mit einem Blicke zu sehen. Ich frage also: 1. Wie lange braucht eine Perle zum vollkommenen Wachsthum? 2. Braucht die Perle nach vollkommenen Wachsthum noch eine besondere Zeit zur Reife oder Zeititung? Was heißt eigentlich Perlenzeitigung? 4. Was giebt es für äußere Kennzeichen, woraus man schließen kann, daß eine Perle in der Muschel sey? 5. Was giebt es für derley Kennzeichen von Zeitigung einer Perle?

Erstens. Wie lange Zeit eine Perle zu ihrem vollkommenen Wachsthum brauche, läßt sich folgender Ursachen wegen ganz und gar nicht bestimmen: indem es Perlen größerer, mitterer, und kleiner Art giebt, und eine Perle manchmal nur vier, fünf oder sechs Schichten ansetzt, eine andere aber zu fünfzehn, zwanzig, und dreyßig Schichten hat. Ferner setzt eine Perle manchmal in einem Jahre zwey und drey Schichten an, eine andere aber nur eine, oder in zwey und drey Jahren gar keine, wenn nämlich während dieser Zeit die Perlenmuschel, wie schon oben im dritten Kapitel des zweyten Abschnitts erwähnt worden, nicht tiefe und wiederhollte Verwundung leidet.

Zweytens. Daß die Perlen nach vollkommenen Wachsthume noch eine besondere Zeit bis zur Zeitigung nöthig haben, behaupten die neuern und ältern Conchyliologen einhellig. Ich aber bin ganz und gar nicht dieser Meynung, und frage

Drittens, was heißt eigentlich Perlenzeitigung? Ich behaupte, die Perlenzeitigung seye nichts anders als vollkommene Kristalisation oder Verhärtung aller Schichten einer Perle, und nicht Ueberziehung der äußern Schichte einer Perle durch Perlenmutterglanze, wie die Acta nova Academiæ cæsareæ Leopoldino-Carolinæ. 8. Tom. S. 171. berichten. Denn, wenn alle Schichten einer Perle vollkommen kristalisiert und verhärtet sind, kommt weder an der Farbe, noch am Glanze ferner etwas hinzu zu einer Perle, und müssen alle Schichten einer guten Perle halbdurchsichtig und glänzend seyn. Wenn aber schon vollkommen ausgewachsene Perlen erst in den Schalhäuten beeder Schalen einer Muschel, wie die Acta nova vorgeben,

ben, verſilbert, und perlenmutterartig gemacht werden ſollten, ſo hätten ja die innern Schichten einer Perle nicht den nämlichen Perlenmutterglanz, wie die äußerſte Schichte; und hier ſteht die Erfahrung im Wege, welche zeigt, daß die innerſte Schichte einer Perle den nämlichen Perlenglanz, ja ſo g.. die nämliche Politur, wie die äußerſte Schichte hat \*). Wenn die Juwelierer eine Perle, welche in den äußerſten Schichten eine Makel hat, für eine gute Perle verkaufen wollen, ſo nehmen ſie, wie ſchon einmal gemeldet worden, die äußern Schichten mit einem ſcharfen Meſſer ab, und die Perle iſt inwendig rein, glänzend, und perlenmutterartig; wie eine andere gute Perle, welche keine Makel hat. Es läßt ſich daher ſehr zuverläßig behaupten, daß eine Perle, welche ihren vollkommenen Wachsthum erreicht hat, und deren äußerſte Schichte kriſtaliſiert oder verhärtet iſt, keiner fernern Zeit zur Zeitigung mehr nöthig habe, indem ſich eine Schichte allzeit verhärtet,

---

\*) Man vergleiche hiemit die Hiſtoire de l'Acad. roy. an. 1717. S. 187. 190.

härtet, ehe sich eine neue ansetzt, und die innern Schichten einer Perle gewiß alle kristalisiert sind, wenn die äußerste Schichte verhärtet ist. Man kann also von vollkommen ausgewachsenen, kristalisierten Perlen sagen, daß sie wirklich zeitig sind, wenn sich auch kein äußeres Kennzeichen, wie sehr oft geschieht, von vollkommenen Wachsthume, und Verhärtung aller Schichten derselben an der Muschel ersehen läßt.

Viertens. Daß man es einer Muschel durch keine Kennzeichen von auſſen ansehen kann, daß sie eine Perle in sich schließe, wenn nicht die Perle nach Proportion einer mittern, einer halb oder ganz ausgewachsenen Muschel eine besondere Wachsthumsgröße erreicht hat, halte ich ebenfalls für entschieden; denn ich finde weder in Anbetracht der Perlenschnecke, noch der Muschel eine Ursache, warum sich von einer kleinen, halb ausgebildeten, oder vielleicht erst entstehenden Perle äußere Kennzeichen zeigen sollen. Auch von vollkommenen, und ausgewachsenen Perlen, aber kleiner Art, läßt sich

äußerst

äußerst selten auf das Daseyn einer Perle in der Muschel schließen. Hingegen ist es auch richtig, daß sich von vollkommen ausgewachsenen Perlen, besonders größerer Art, meistens äußere Kennzeichen an den Muscheln ersehen lassen. Die Ursache davon ist, weil entweder eine solche Perle in der Muschel zu lange Zeit gelegen, oder die Perlenschnecke von der Perle zu starken Druck gelitten hat, wodurch die Schnecke, besonders wenn ihre Queerbänder (an welche gemeiniglich die Perlen anliegen) schief gedrückt werden, ihre Muskeln und Sehnen verziehen, und ihre Schalen krümmen muß.

Fünftens. Ich halte daher für sichere, äußerliche Kennzeichen, daß eine Perle mitterer oder größerer Art in der Muschel vollkommen ausgewachsen, und zeitig sey, wenn die Schalen der Muschel verkrümmt sind, wenn eine Schale eingebogen, und die andere gegeüber ausgebogen ist; wenn sich die beeden Schalen nicht mehr vollkommen schließen (besonders am obern Ende), oder wenn sich die äußere schilf-
rige

rige Schale der Muschel in der Größe einer starken Zuckererbse abschält. Die Conchyliologen wollen mancherlei Furchen, Streifen, Queerringe u. s. f., als Kennzeichen der Perlenzeitigung an den Muscheln von außen ansehen. Indessen halte ich derley vorgebliche Kennzeichen mehr für Zeichen des Alters, als der Fruchtbarkeit der Muscheln. Wer über die Perlenzeitigung und Kennzeichen derselben ein mehrers nachlesen will, beliebe die Abh. der Schwed. Akad. 24. B. 72. 73. die Margaritol. des Malak. Geiger. S. 45. des Herrn Hofmedikus Taubé Beyträge zur Naturkunde des Herzogthums Zelle. S. 82. Schrötters Geschichte der Fluß Conchylien. S. 188. nachzulesen.

## Sechstes Kapitel.
### Von Oeffnung der Perlenmuscheln, und Ausnehmung der Perlen.

Was aus den in Europa [*] gewöhnlichen, gewaltsamen Oeffnungsarten der Perlenmuscheln,

und

---
[*] Die Art oder Unart, mit welcher die Perlenmuscheln in Ostindien oder Amerika geöffnet werden, ist schon oben in dem Kapitel von den verschiedenen Arten der Perlenfischerey erwähnt worden.

und der verderblichen Methode, nach welcher dieselben von den rohen Perlenfischern beym Eröffnen und Ausnehmen der Perlen behandelt werden, für die Perlen=Regalen für Folgen entstehen, hat Schweden, wie uns Her Gißler berichtet, zum großen Nachtheil erfahren, und Herr Hofmedikus Taubé führt ähnliche Klagen über den Verfall des Herzogthumzellischen Perlenwesens, und legt die Schuld davon den gewaltsamen, unmethodischen Oeffnungsarten bey.

Ich will zuerst zeigen, was es in Europa für gewöhnliche Oeffnungsarten der Muscheln giebt, und meine Bemerkungen darüber machen. Alsdann will ich eine Methode von Oeffnung der Muscheln aufs Tapet bringen, welche ich für dienlich halte, um dem Unfug schädlicher, und beym Perlenfang bisher gewöhnlicher Oeffnungsarten der Muscheln großen Theils abzuhelfen.

Eine von den in Europa gewöhnlichen Arten die Muscheln zu öffnen, ist folgende, daß
man

man mit einem Messer zwischen die Schalen hineinfährt, dicht an die Schale hinsticht, und so zuerst das eine Band (ligamen rotundum) ablöset, und wenn sie noch nicht geöffnet werden kann, auch das andere entzweyschneidet\*). Auf diese Art geht allemal zum großen Nachtheil der Fortpflanzung die Perlenschnecke in der Muschel zu Grund; denn eine Muschel auf bemelte Art zu operieren, läßt eben so abentheuerlich, als wenn ein Accoucheur einem gebährenden Weibe Händ und Füsse abschneiden wollte, um das Kind zu erhalten.

Eine andere Art die Perlenmuscheln zu öffnen, ist diese: daß man sich eines krummen, eisernen Zacken bedient, die Spitze in Mitte der Muschel, wo der Zahn des Schlosses eingreift, ansetzet, und so die beeden Schalen mit Gewalt aus einander theilt. Nach dieser Methode werden entweder die Sehnen oder Bänder, womit die Schnecke ihre Muschel fest geschlossen hält,

zer-

---

\*) Beyträge zur Naturkunde des Herzogsthums Zelle. VI. Abh. von den Perlenmuscheln. S. 84.

zerrissen, oder die Charniere, der Zahn der Muschel, beschädigt. In beeden Fällen verliert eine Muschel ihren ordentlichen Schluß, und tragt eben dieser Ursach wegen keine Perle wieder, weil durch frey eintrettendes Wasser der Grundstoff zur Perle, nämlich die ausgetrettene Feuchtigkeit der Schnecke, jederzeit ausgespielt wird, und folglich in einer solchen Muschel niemals mehr eine Perle entstehen kann.

Wollte man sich durchaus eines solchen eisernen Zacken zum Oeffnen der Muscheln bedienen, so sollte die Spitze desselben unter dem Bauche der Perlenschnecke, wo die tiefere Höhlung der Muschel, und die schmälere Seite der Schnecke ist, angesetzt werden; dadurch würde wenigstens kein Theil der Schnecke, oder ihrer Sehnen und Häute verletzt werden, obwohl ich für Beschädigung der Muscheln keineswegs gut stehen wollte. Ueberhaupt ist bemelter Zacken ein ungeformtes Instrument, das auf die Struktur der Muschel und Schnecke nicht anpasset,

und

und seiner Schädlichkeit wegen beym Oeffnen der Muscheln ganz und gar zu verwerfen ist.

In Thüringen, in den Perlenwässern des Herzogthums Zelle, und im Vogtlande, wo die Perlenfischerey nach dem Bericht des Herrn Hofmedikus Taubé mit großem Vortheil getrieben wird, bedient man sich einer Art Schraube die Perlenmuscheln ohne minder beträchtlichen Nachtheil zu öffnen.

In den Flüssen Lopplands, und in den Liefländischen Perlenwässern gebraucht man zu Oeffnung der Perlenmuscheln eine Art Zange, ober der Mitte mit einer Schraube versehen, um die mit den unten gezackten Spitzen der Zange getheilten Schale eine Zeit lang in einer gewissen Entfernung geöffnet zu halten. Man muß gestehen, daß dieses Instrument einigen Vortheil zum Oeffnen der Muscheln gewährt, aber keineswegs ganz unschädlich ist, indem dadurch nicht nur die beeden Ränder der Muschel, sondern auch die innern Schalhäute verletzt werden.

Im

Im ganzen genommen, und von allen bis⸗
her zum Oeffnen der Muscheln erfundenen In⸗
strumenten, welche ich theils gesehen, theils ge⸗
beschrieben gelesen, zu urtheilen, halte ich da⸗
für, daß sie insgesamt sehr mangelhaft sind,
indem ihr Gebrauch noch immer schädlich ist.
Wer ein Instrument die Muscheln ohne Scha⸗
ben zu öffnen angeben will, studiere vorhin die
Struktur der Muschel, den Bau der Schnecke,
und den Zusammenhang der Muschel und Schne⸗
cke. Ohne dieses Studium, ohne vorläufige,
gute Kenntniß der Perlenmuschel, wird kaum
jemand ein taugliches, geschicktes Instrument zu
unschädlicher Oeffnung der Muscheln zum Vor⸗
schein bringen.

Ich meines Theils halte mit Herrn Gißler\*)
dafür, daß die beste, und natürlichste Oeff⸗
nungsart der Perlenmuscheln sey, wenn man
dieselben mit einer einzelnen Schale öffnet, und
bey Eröffnung der Muschein zur Zeit des Per⸗
lenfangs also zu Werke geht. Man nehme eine
ein⸗

---
\*) Abh. der Schwed. Akad. 24. B. S. 77.

einzelne Perlenmutterschale mittern Wachsthums, welche noch frisch, und nicht von der Sonne ausgedorrt ist, und nehme einer solchen Schale an beeden Seiten, und am obern spitzigen Ende die Schneide des scharfen Randes ein wenig ab. Alsdenn nehme man die Schale mit dem stumpfen oder untern Ende in die rechte Hand, so daß die klare Perlenmutterseite ins Gesicht fällt, und stecke das kleine spitzige Ende der Schale schief zwischen und längst den beeden hautlosen Rändern der Muschel, welche geöffnet werden soll, bis an das Schloß der Muschel. Indessen wird die Muschel mit der linken Hand gehalten, und nachdem man die beeden Schalen eines Fingers weit ganz sachte und nachgiebig von einander gebogen hat, so bringt man den linken Daum, mit Leder oder Leinwand umwunden, mitten in die Muschel queer über die Oeffnung, und unterstützt zugleich beede Schalen, daß sie sich nicht zusammenziehen können. Nach diesem sieht man ober der Mundöffnung an den Rändern nach, ob nicht ober oder unter der Schalhaut eine Perle liegt, wo

man

man in jedem Falle die Perle mit dem Finger herausnehmen kann ohne die Haut loszureissen, oder zu beschädigen. Liegt aber eine Perle inner den Barthäuten der Schnecke, so zieht man bemelte Häute mit einem Finger ganz sanft gegen die Mundöffnung der Muschel, um die Perle herauszuheben. Im Fall eine Perl in den innern Häuten der Perlenschnecke liegt, kann die Perle ohne anatomische Sektion, ohne Ruin der Schnecke nicht ausgenommen werden. Wirft man die also geöffneten Muscheln wiederum ins Wasser, so muß jede Muschel den andern Tag mit ihrem stumpfen Ende im Grunde des Wassers fest stehen, und sich mit der Oeffnung gegen den Strom kehren, zum Beweise, daß die Muscheln durch das Oeffnen keinen Schaden erlitten haben. Bringt man bemelte Oeffnungsart etwas in die Uebung, so geht es damit so geschwinde, als das Messer in die Muschel zu stecken, und die Queerbänder abzuscheiden, wodurch die Perlenschnecken sammt der Muschel zu Grunde gehen. Hiemit endet sich dieses Werke, und ich glaube

durch

durch meine Aufschlüsse über die Perlenmuschel und ihre köstlichen Produkte zur Zufriedenheit, und zum Vergnügen meiner Leser alles geleistet zu haben, was man von mir fodern kann.